Mitología egipcia

Introducción a los dioses, diosas,
héroes, monstruos antiguos y secretos
de los faraones egipcios

3

INTRODUCCIÓN

Se puede afirmar sin lugar a dudas que el periodo del antiguo Egipto es uno de los más fascinantes de la historia de la humanidad, desde innumerables puntos de vista: la enorme y espectacular arquitectura, las maravillosas y significativas obras de arte y la organización de la sociedad hacen que el antiguo Egipto resulte fascinante para muchos hoy en día.

Para comprender el atractivo real de este fascinante periodo histórico, basta pensar en cuántas historias, ya sean de fantasía o acontecimientos históricos que sucedieron realmente, están ambientadas en los tiempos del antiguo Egipto. El éxito que estos productos literarios y cinematográficos han alcanzado en la era moderna es una prueba irrefutable de que el público sigue intrigado y entusiasmado por el ambiente del antiguo Egipto. Otro ejemplo evidente es el constante crecimiento del turismo en Egipto: más del diez por ciento de los ingresos del país proceden de este sector. principales atracciones se encuentran entre las más conocidas del mundo. Es bastante significativo que exista toda una disciplina histórica dedicada exclusivamente al estudio de los egipcios -la egiptología- que se estudia e imparte en las universidades más prestigiosas del mundo.

En este volumen haremos un recorrido por los mitos y creencias de la fascinante civilización del antiguo Egipto, adentrándonos en el corazón de la cultura. Partiendo de un punto de vista histórico, se esbozarán los orígenes de la mitología, el contexto que permitió el desarrollo de ciertas teorías y las primeras prácticas rudimentarias. A , analizaremos las teorías de los antiguos egipcios sobre la génesis del mundo antes de adentrarnos en el aspecto religioso considerando los peculiares cultos y rituales. Llegaremos entonces al núcleo del volumen, en el que se describirán e interpretarán los mitos y leyendas nacidos en el antiguo Egipto. Descubriremos cómo la mitología y la cultura egipcias siguen teniendo un fuerte impacto en la actualidad.

Los estilos adoptados serán diferentes según el tema. Para dar dinamismo y hacer justicia a este maravilloso pueblo, las partes histórico-culturales adoptarán un enfoque más académico, ya que no se trata de ficción sino de historia y egiptología. Sin embargo, la parte central de la narración, es decir, los mitos y leyendas del antiguo Egipto, tendrán un tono completamente diferente, ligero y fluido, ya que están diseñados para entretener y llevarle a un universo completamente nuevo. En la tercera y última parte, se adoptará un punto intermedio, casi una mezcla de los dos modos de narración, para las conexiones entre el mundo antiguo y el moderno, así como para las conclusiones que unirán los hilos del asombroso camino. ¿A qué esperas? Sumérjase en el descubrimiento y la pasión por los antiguos egipcios, el pueblo por excelencia del mito, la narración y la maravilla.

EL NACIMIENTO DE LA
MITOLOGÍA EGIPCIA

Para comprender los orígenes de la mitología egipcia, es necesario considerar el contexto histórico en el que se desarrolló este complejo sistema de creencias. Las fuentes que han permitido a los estudiosos reconstruir la historia del antiguo Egipto son numerosas. De hecho, la civilización egipcia es la segunda -después de la romana- de la que existen numerosas representaciones y testimonios históricos. Los restos del pueblo egipcio son también los más famosos, como las grandiosas pirámides, las cuidadas y peculiares pinturas y los suntuosos sarcófagos. Pero estos famosos hallazgos no son la única historia que tenemos, las fuentes escritas son muy consistentes. Entre ellas, encontramos inscripciones en los edificios, obras que relatan las hazañas de los faraones y textos que describen los ritos funerarios y las celebraciones religiosas. Sin embargo, las obras literarias y de no ficción que datan del antiguo Egipto son mucho más raras, aunque algunos volúmenes hayan llegado hasta nuestros días. Por último, entre las fuentes escritas se encuentran también algunos documentos de conducta destinados a quienes estaban llamados a juzgar en situaciones de controversia, textos que podríamos definir como jurídicos. Todas estas fuentes, junto con el trabajo de historiadores y arqueólogos, son lo que restos actuales de la antigua civilización egipcia. Pero comencemos con el repaso histórico-cultural de los puntos más destacados de la historia de este pueblo, para comprender cómo se originó su inmenso corpus de mitos y creencias.

Existen pruebas históricas de la presencia humana en las orillas del río Nilo que se remontan al 3.500 a.C., año que se considera el macroperiodo del antiguo Egipto, la primera de las cinco grandes épocas que dividen la historia de Egipto. Tras el periodo del antiguo Egipto se sitúa la fase helénico-romana, la árabe, la otomana y, por último, la moderna y contemporánea. Cada una de estas franjas temporales se divide, a su vez, en numerosas subfases, dependiendo principalmente de los cambios de regencia del poder. Sin embargo, estas divisiones tienen un carácter más bien técnico y por este motivo no se expondrán específicamente en este volumen, salvo en lo que se refiere al periodo del antiguo Egipto. A pesar de ello, es importante tener los cinco periodos principales. Aunque la mayor parte de la mitología egipcia se originó en el antiguo Egipto, muchas leyendas sufrieron variaciones y adquirieron distintos significados con el paso del tiempo, adaptándose a menudo a nuevos contextos. Algunos mitos siguen considerándose actuales hoy en día y -como descubriremos más adelante- varios rituales que se remontan al periodo antiguo se siguen practicando en la actualidad.

Comenzamos entonces a recorrer los acontecimientos de la población antigua, descubriendo las características culturales y las creencias de los primeros llegados a Egipto. En primer , conviene recordar por qué algunas poblaciones eligieron Egipto para sus asentamientos: como muchos se

Recuerdo de los estudios de historia en la escuela primaria, las ventajas de asentarse en las zonas adyacentes al río Nilo eran numerosas, en particular la fertilidad del suelo, garantizada por los desbordamientos periódicos. La regularidad de los caudales del río permitía que el limo, un lodo denso con extraordinarias propiedades fertilizantes, actuara a largo plazo, haciendo que las tierras fueran exuberantes. De hecho -en contra de lo que podría pensarse- Egipto era una tierra rica en animales y botánica, donde el clima era mucho menos seco que en las zonas vecinas de África, en la frontera del desierto del Sáhara. Las poblaciones que primero se asentaron a lo largo del río eran bastante heterogéneas, a veces enfrentadas entre sí. En este , la organización social apenas existía y, en cualquier caso, no era unitaria. En esta fase tan temprana, la principal característica de Egipto era la ausencia de una civilización unitaria o

poder que siguieron todos los grupos.

Aunque al principio cada tribu estaba encabezada por su propio líder, con el paso de los años, los grupos que se habían establecido a orillas del Nilo empezaron a mezclarse entre sí y a unirse en lo que considerarse una organización civil e incluso gubernamental. Como se puede imaginado, éste fue un proceso muy largo (duró unos dos milenios) y no siempre sin conflictos. Sin embargo, esto dio lugar a que las actividades de investigación alimentaria adquirieran un patrón estable, como por ejemplo, los primeros experimentos de cría. Al mismo tiempo, comenzaron a desarrollarse las primeras formas de creencias populares, que se consolidaron en costumbres, tradiciones e incluso expresiones artísticas de las que a menudo surgieron objetos de utilidad cotidiana (muy comunes fueron, por ejemplo, los jarrones). Como ya se ha mencionado, aunque ya se había iniciado un proceso de unificación de las culturas de los distintos clanes tribales, las divisiones persistieron durante bastante tiempo y tenemos pruebas de ello: las poblaciones produjeron distintos tipos de arte rudimentario y objetos para la vida cotidiana, cada una utilizando métodos diferentes. Gracias a ello, los historiadores han podido clasificar las distintas culturas en subgrupos, que coexistieron y vivieron unos tras otros. Existen tres grupos culturales principales que poblaban Egipto antes de la llegada de la agricultura: la cultura Tasiana, la cultura Merimde y la cultura Maadi.

Centrémonos brevemente en los modos de vida y creencias característicos de estos tres primeros grupos culturales. En primer lugar, durante el periodo tasiano, las poblaciones empezaban a hacerse sedentarias, por lo que la mayoría de los objetos encontrados son artefactos desprovistos de toda función artística o religiosa, producidos exclusivamente por su utilidad práctica (por ejemplo, cubiertos rudimentarios). A pesar de ello, los escasos hallazgos estrictamente artísticos son muy significativos, ya que se trata del famoso tipo de cerámica roja y . En cuanto a las creencias sobre la vida después de la muerte, los historiadores dicen que en esta época ya existía una especie de conciencia sobre el más allá, aunque no hubiera barrios marginales. Falta definir con certeza sus características. Lo que es seguro es que los difuntos recibían sepultura y eran acompañados de un rito: los muertos eran cubiertos y depositados en fosas profundas en posición agachada, después se tapaban los agujeros y, sobre ellos, se levantaba una masa de tierra. La posición de las tumbas variaba según la identidad del difunto y no existía una práctica bien establecida, por lo que los muertos eran enterrados bajo casas rudimentarias (como chozas). Sin embargo, el elemento más interesante en relación con los ritos funerarios tasianos es el hecho de que el difunto era enterrado junto con objetos, pocos pero significativos: por lo general, cosas que ayudarían al muerto en su viaje al más allá o que le serían útiles para una estancia eterna.

Pasemos ahora a la cultura Merimde. El proceso de evolución continuó y, llegados a este punto, las poblaciones ya eran capaces de criar animales de tamaño medio, así como peces (incluso especies animales peligrosas, como los cocodrilos) del río Nilo. En cuanto a los ritos funerarios y las creencias sobre la vida después de la muerte, la cultura mérmida es particular y, desde algunos puntos de vista, diferente a las demás de la época. Una peculiaridad que destaca como ejemplo es, sin duda, la ausencia de objetos en el interior de las tumbas. Si bien la posición -al igual que en la cultura tasiana- era fetal, colocada de lado, y las tumbas tenían casi la misma forma, el hecho de que no se colocaran ajuares funerarios en las tumbas es indicativo de un cambio en el sistema de creencias. Por desgracia, los hallazgos que datan del periodo son, cuando menos, escasas y no siempre están bien conservadas. Debido a esta falta de fuentes, se desconoce qué llevó a tomar la decisión de eliminar esos para el paso al más allá. En cualquier caso, esta práctica no arraiga ni en las culturas posteriores. En su lugar, se produce un enriquecimiento de los objetos funerarios. Otra información importante sobre la cultura Merimde se refiere a la división social: las tumbas no se diferencian ni en la forma ni en el contenido. Por tanto, parece posible afirmar que las distinciones sociales -si es que existían- no eran tan claras como para requerir enterramientos diferentes. Sin embargo, algunas teorías recientes sugieren que el periodo Merimde pudo ser aquel en el que comenzaron a institucionalizarse las clases sociales (especialmente la distinción entre gobernantes y todos los demás), aunque los métodos de enterramiento no confirman esta tesis.

Al periodo Merimde siguió el Maadi. Con la estabilización natural de las poblaciones a orillas del Nilo, se inició también el comercio "internacional", es decir, con los pueblos de Asia, en particular los de Mesopotamia. Historiadores y arqueólogos han sacado estas conclusiones gracias al estudio de los materiales utilizados para la fabricación de herramientas (sobre todo cobre) y vasijas. Más allá de los materiales, las formas y modalidades también son similares a las encontradas en los pueblos mesopotámicos, lo que indica un intercambio -donde lo comercial se convirtió inevitablemente en cultural- entre ambas civilizaciones. Analicemos también los ritos funerarios de esta cultura: persiste el enterramiento en fosas ovaladas (también se han fosas rectangulares, aunque raras), con los muertos dispuestos en posición fetal.

posición de lado. Un detalle específico de este periodo es la posición de las manos del difunto, colocadas sobre el rostro. Los objetos enterrados con el cuerpo reaparecen en este periodo, pero en comparación con los de la cultura tasiana, se trata de artesanías mucho más refinadas, como vasijas decoradas y artículos de aseo personal, en lugar de objetos rudimentarios de utilidad cotidiana.

Descubramos ahora una cultura un poco más estructurada que las anteriores, a saber, Badari. Es característica de las poblaciones egipcias más evolucionadas, dedicadas a la agricultura, práctica que a estas alturas se había establecido como medio de vida primario y había alcanzado notables niveles de refinamiento. Se han hallazgos históricos y arqueológicos atribuibles a la cultura Badari no sólo a lo largo de las orillas del Nilo, sino también en las zonas más meridionales de Egipto. De ello se deduce que esta cultura estaba arraigada y era fuerte, pues de lo contrario no habría podido expandirse geográficamente. Las obras artísticas eran realmente avanzadas, sobre todo la cerámica, con vasos ligeros y muy finos. Incluso los objetos de uso cotidiano se volvieron más codiciados y, por los hallazgos, está claro que las herramientas ya no se construían exclusivamente para satisfacer necesidades básicas y prácticas, sino que también cumplían otras funciones, como el cuidado del cabello. En cuanto a los ritos funerarios, se han encontrado enterramientos badari a lo largo de la historia. Al igual que las culturas anteriores, la forma del pozo funerario era ovalada y los muertos yacían siempre uno al lado del otro, acurrucados y envueltos en sábanas o cañas. Sin embargo, lo que distinguió al periodo Badari fue la riqueza de los objetos que se enterraban con el cadáver: cerámicas meticulosamente decoradas, utensilios de aseo personal, así como estatuillas de seres vivos, especialmente figuras de mujeres sin ropa. Otro elemento de importancia fundamental es que, por primera vez, existía una distinción de carácter social entre las tumbas: cuanto mayor era la posición social del difunto más ricos eran los objetos funerarios y mejor se cuidaba el enterramiento.

El periodo de los Badari representa, por tanto, una especie de punto de inflexión, el momento en el que las creencias sobre el más allá empezaron a cobrar importancia, incluso a nivel de la sociedad, por lo que fueron reconocidas por todos los miembros de la población, incluso por aquellos que ostentaban el poder. Antes de continuar con las etapas históricas que condujeron al nacimiento del corpus de creencias típico del antiguo Egipto, centrémonos en el concepto de ritos funerarios, que, como hemos visto, se establecieron como *modus operandi* para acompañar al difunto al más allá. Para los antiguos egipcios, era esencial que el cuerpo del difunto se conservara de forma que se mantuviera lo más parecido posible a como había sido en vida. La práctica de la momificación, de la que hablaremos en profundidad más adelante, se llevaba a cabo con este fin. Pero, como hemos visto, la idea de conservar intacto el cuerpo indefenso se originó en la época predinástica, en el periodo tasio. Envolviendo el cuerpo en esteras y sábanas, con el paso de los siglos fueron perfeccionando las técnicas de embalsamamiento hasta llegar a la momificación. Es importante recordar que la mayoría de los más famosos y fascinantes objetos religiosos y mortuorios prácticas del antiguo Egipto tienen su origen en las primeras poblaciones rurales que habitaban las orillas del Nilo.

Los últimos periodos culturales del Egipto predinástico se denominan Naqada I, II y III. Durante estos periodos, que abarcan aproximadamente un milenio, los ritos funerarios se consolidan y toman su forma definitiva. Aunque todavía no se habla de momificación, todas las tumbas contaban con ajuares funerarios uniformes regionalmente, consistentes en estatuillas, alimentos, vasijas y regalos en abundancia. Es entre los tres periodos Naqada cuando Egipto conoció las evoluciones socio-políticas fundamentales que condujeron al nacimiento de un estado unitario, con una regencia reconocida en la figura del faraón, una estratificación social bien definida y rígida y una división de tareas propia de una sociedad evolucionada. Mientras que en el periodo Naqada I la situación seguía siendo bastante estática, durante Naqada II se produjo la inundación de las ciudades más grandes y antiguas, que atrajeron a masas de población diferentes y variadas. Esto también provocó diversos cambios y evoluciones artísticas, especialmente en la cerámica y los utensilios. En Naqada III, la centralización estatal fue casi completa. El arte era ahora fino y complejo, y se utilizaban técnicas reflexivas y originales que requerían gran habilidad.

Después del primer monarca egipcio, Menes, hubo veintisiete dinastías diferentes, que abarcaron un periodo total de dos mil años, hasta la muerte de la reina Cleopatra y el final del periodo dinástico. El periodo dinástico se divide generalmente en dos épocas: durante el Reino Antiguo se alternaron diez dinastías, mientras que otras siete gobernaron durante el Reino Nuevo. Evitaremos profundizar más en la historia del antiguo Egipto, las nociones aportadas hasta aquí serán más que suficientes para comprender la mitología egipcia y el corpus de creencias y rituales egipcios.

LOS ORÍGENES DEL MUNDO
SEGÚN LOS ANTIGUOS EGIPCIOS

Tras examinar los orígenes históricos de los que partió el complejo sistema de creencias egipcio, veamos algunos de los mitos más antiguos, los de la creación del mundo.

2.1 El mito heliopolitano

Para empezar, analicemos uno de los mitos más comunes que se remontan al antiguo Egipto, o el llamado "mito heliopolitano de la creación"
- llamada así porque fue concebida en la ciudad de Heliópolis. Según esta versión, todo empezó con un bloque de agua grande y homogéneo: Nu, oscura y turbia. Todos los demás elementos lograron desarrollarse en el interior de esta entidad. Como si de un recipiente se tratara, este cuerpo acuoso generó y retuvo el sol, los cuerpos celestes, el cielo y el más allá. Aunque Nu era una extensión de agua densa y color intenso hasta donde alcanzaba vista, a los egipcios les gustaba personificarlo con las figuras de dos hombres y dos mujeres. Las dos parejas, de hecho, se utilizaban para representar todos los aspectos intrínsecos de Nu: lo inescrutable, lo absoluto, la sensación de

el infinito, el vagabundeo sin rumbo ni fin, así como la ausencia de luz (o sombra). La evolución de las cosas se estabilizó durante cierto tiempo, pero esta calma natural no duró para siempre porque algo -o mejor dicho, alguien- vino a alterar el orden de las cosas. Atum, el dios creador y padre de innumerables deidades posteriores, tomó forma y salió de repente del todo que se había creado dentro de Nu. Sin embargo, esto no ocurrió por casualidad: fue, de hecho, el propio dios quien hizo un inhumano esfuerzo de voluntad, pronunciando su propio nombre a pesar de ser materia abstracta, y adquiriendo así su

propia forma.

Cetro de Was

Desde el principio, Atum se distinguió como creador de todo, encarnando conceptos y ámbitos que no podían existir antes de él. Dios de los seres humanos y de los dioses, del más allá y del mundo terrenal, todo lo que se creara sería para siempre atribuible a él. Por eso llevaba una doble corona, que le convertía en soberano tanto del Bajo Egipto como del Alto Egipto. Además, como símbolo de vida, siempre llevaba el *ankh* (o cruz ansata) y un cetro, símbolo del poder real. Sin embargo, Atum, como muchos otros dioses del antiguo Egipto, no tenía una apariencia completamente humana. Se creía que era un ave legendaria que

se elevó en vuelo para alcanzar y reinar sobre Heliópolis, donde también habría construido un nido con hierbas aromáticas y especias. Desde lo alto de una pirámide, daba vida al mundo mediante estornudos, escupitajos y vómitos... un método decididamente extraño, pero al parecer

Ankh

¡Eficaz!

Más tarde, Atum también dio a luz a dos herederos, Shu (aire) y Tefnut (humedad). Ambos decidieron un día huir para fastidiar a su padre rey creador, pero éste no tardó en desatar sus poderes divinos para encontrarlos. Así que decidió quitarse un ojo y mandarlo de paseo en busca de sus hijos para que fuera más rápido y buscara incluso en los lugares más recónditos y estrechos. La Tierra aún no tenía otros seres vivos, ya que el dios creador sólo había dado forma a los aspectos naturales sin alma: tierra, océanos, montañas y colinas, pero ninguna planta ni animal. Gracias a ello, Atum no tardó en encontrar tanto a Shu como a Tefnut. Emocionado, gritó a voz en grito y de sus lágrimas de enorme alegría todos los seres vivos que habitan el globo terráqueo.

Tefnu

2.2 El mito menfita

Veamos ahora el segundo mito relativo a la creación del mundo, el que se originó en la ciudad de Menfis. Esta ciudad estaba situada en la frontera entre las tierras del Alto Egipto (sur de Egipto) y el Bajo Egipto (norte de Egipto): era una encrucijada fundamental, una bulliciosa ciudad comercial, pero también rica en cultura, una especie de punto de encuentro multicultural. Menfis fue elegida primera capital del antiguo Egipto precisamente por su posición estratégica, sus características peculiares y su gran potencial. Aunque no queda mucho de la ciudad y lo que queda no se ha conservado especialmente bien, es fácil imaginar la prosperidad del centro urbano en su época de gran esplendor. El mito menfita de la creación es algo más sencillo, ya que sólo implica a un personaje, Ptah, y un proceso de creación bastante lineal. El dios Ptah era la divinidad protectora de la ciudad de Menfis, encargada de velar y salvaguardar a los artesanos y profesionales del arte. El nacimiento de esta divinidad -como el de muchas otras- está envuelto en un halo de incertidumbre que proviene sobre todo de las historias que se transmiten oralmente, lo que inevitablemente implica distorsión y evolución.

Pietra di Shabaka

Los fundamentos de la teología de Menfis están grabados en la Piedra de Shabaka, una estela de piedra negra con grabados jeroglíficos, conservada actualmente en el Museo Británico de Londres. En la estela, sin embargo, el texto transcrito no es en realidad más que la copia de un documento mucho más antiguo, que data quizá de la misma época en que nació y se afirmó la cosmogonía heliopolitana. Algunos detalles y similitudes entre las dos teorías sobre la creación mundo sugieren que la teoría menfita no es en realidad más que una versión alternativa del mito heliopolitano. Pero profundicemos en el contenido real del mito de Menfis. En primer lugar, sabemos que la creación se atribuye al dios Ptah, que la llevó a cabo pensando y hablando. En realidad, en el mito no se mencionan directamente estos dos instrumentos fundamentales, sino que se habla de corazón y lengua, que representan respectivamente el pensamiento y la expresión vocal. Ptah creó todo pensando y luego pronunciando el nombre de lo que deseaba crear. Además, la creación de Ptah no terminó con el nacimiento del mundo. Al contrariomantuvo su papel y siguió creando a través de los artesanos, de los que es protector. Como se ve claramente, el mito de Menfis de la creación es mucho más simple y lineal que el mito heliopolitano. Sin embargo, el principio es el mismo: el mundo se origina a partir de un elemento ya existente, que en este caso es doble (el corazón y la lengua). De nuevo, en comparación con el mito heliopolitano, el de Menfis es menos material y tiene un carácter más abstracto, la importancia de la palabra como instrumento de creación es un concepto clave que permanecerá latente en la historia y que fue retomado directamente en la tradición cristiana, especialmente visible en el Evangelio según San Juan, en el que se afirmaba que la palabra es el principio al que se debe la creación por la mano de Dios.

Ptah

debido.

Es curioso observar cómo se representaba al dios Ptah, es decir, envuelto en vendas, como si estuviera momificado. Con el tiempo, el culto a Ptah desapareció de la ciudad de Menfis y el dios comenzó a ser adorado y conocido en todo Egipto, especialmente tras la unión entre el culto a Ptah y el de Seker y Osiris. El culto de esta tríada creció en popularidad hacia mediados del Reino Antiguo.

2.4 El mito de Sais

Por último, consideremos brevemente un mito menor, el de Sais. Esta ciudad fue considerada capital al mismo tiempo que Menfis y, en consecuencia, experimentó no sólo un gran desarrollo religioso y cultural, sino también político y social. En Sais, al igual que en las demás grandes ciudades del antiguo Egipto, se desarrolló un culto basado en las divinidades Ptah (ya central en la mitología menfita) y Neith, que más tarde se convirtió en diosa de la guerra y la caza. La imagen central de este mito representa a la diosa Neith tejiendo el mundo y el cielo en un telar, y luego entrelazándolo todo en una red de las criaturas destinadas a poblar la realidad primordial. Una vez terminado el tejido, Neith dio a luz (sin dolor alguno) al dios solar Ra, superior a todos los dioses y antepasado de todas las futuras generaciones divinas.

RELIGIÓN EGIPCIA

La religión es sin duda uno de los aspectos más complejos de la cultura del antiguo Egipto. No sólo son numerosas las deidades, sino que cada una de ellas tiene características, historia y una finalidad bien definidas. Sería incorrecto afirmar que existía un único culto religioso unido en el antiguo Egipto. De hecho, sobre todo en la época prenástica y en el periodo posterior, las creencias locales tenían un gran peso y dominaban la vida religiosa de las poblaciones, que no estaban unidas y, de hecho, a menudo estaban incluso aisladas geográficamente unas de otras y, por tanto, eran incapaces de ampliar su cuerpo de creencias. En este contexto, las figuras divinas protectoras de un lugar determinado nacen en un lugar concreto o, al menos, están vinculadas a él.

Sin embargo, hay características de la religión egipcia que son generales y se encuentran en todo el corpus de creencias. Es evidente que los antiguos egipcios eran politeístas y veneraban varias figuras divinas, aunque no todas se consideraban de igual importancia. La necesidad de rendir culto a múltiples deidades se deriva de una concepción particular según la cual cada una de estas entidades superiores representaba una parte diferente, un aspecto distinto de la vida (no sólo humana) y del mundo. En otras palabras, según los antiguos egipcios, el universo estaba dotado de diversas fuerzas, esencias diferentes entre sí, pero coexistentes. Éstas habían permitido el nacimiento del mundo (como se explica en la sección sobre cosmología) y seguían existiendo y regulando a todos los seres vivos.

Otro aspecto crucial de la espiritualidad de los antiguos egipcios se refiere al tiempo. Para nosotros, los contemporáneos, puede no resultar obvia una conexión conceptual entre la noción de tiempo y la espiritualidad, por lo que es posible que no veamos ningún aspecto religioso o místico en la transición del día y la noche, y mucho menos en el paso de los años y las décadas. Por el contrario, en el antiguo Egipto, la dimensión temporal era una de las protagonistas de la esfera espiritual y existen al menos dos interpretaciones diferentes del tiempo: *el neheh* y el *djet*, estrechamente vinculadas a la percepción de la vida y la muerte. El *neheh* define una concepción cíclica que describe el día y la noche como la repetición del viaje de Ra, dios del sol. Según los antiguos egipcios, el ciclo es el movimiento primordial y, si se piensa en ello, esta interesante idea está realmente lejos de la cultura occidental y de la cultura moderna en general. La mayoría de la gente percibe el tiempo como una línea recta que avanza única y eternamente, sin detenerse jamás. Sobre todo, no se contempla la posibilidad de volver atrás y, de hecho, sólo pensar en ello resulta absurdo. Los egipcios, por el contrario, percibían no sólo el tiempo, sino también la vida como una repetición continua del mismo camino, y se distinguían tres movimientos circulares: los anni estaban marcados por la crecida periódica del Nilo, que se repetía cada año en el mismo periodo y dictaba los ritmos de vida de la población.

Durante los periodos más secos, la vida era -como puede imaginarse- muy diferente que después de los desbordamientos, que daban fertilidad al suelo y, por tanto, abundancia a la producción agrícola. El segundo movimiento cíclico se consideraba el curso natural de la vida humana, desde el momento del nacimiento hasta el de la muerte. Según los antiguos egipcios, la muerte no era más que un momento de la vida. De hecho, representaba un paso muy importante, que garantizaría la vida eterna en el más allá (como ampliaremos en breve). El último y más importante ciclo era el que marcaba los días, o el ciclo luz del día y oscuridad de la noche que representa el movimiento de Ra, que brilla sobre las personas durante el día y eclipsa en el reino de los muertos por la noche. Mencionemos brevemente el mito del *Mandjet* y del *Mesektet*, las llamadas "barcas solares" que transportaban al dios del sol en su viaje cíclico. La primera, Mandjet, conducía al sol desde el alba hasta el ocaso, las doce horas en las que era visible de este a oeste, mientras que la *Mesektet* lo trasladaba a lo que se denominaba el cielo inferior, situado en el mundo de los muertos (*Duat*). Aunque profundizaremos en el vínculo entre el ciclo del sol y las divinidades, ahora resulta evidente que el ciclo del día y la noche estaba profundamente al de la vida y la muerte. Al igual que el sol cuando se pone, cuando una persona perece, es transportada al más allá, pero no es un final, sino sólo una etapa intermedia de un ciclo. El sol siempre saldrá de *la Duat,* dando vida a un nuevo día, al igual que el difunto pasará a una nueva vida.

Centrémonos ahora en la segunda concepción del tiempo, la del *djet*. Haciendo una comparación entre ambas interpretaciones, se podría definir el *neheh* como el tiempo de la vida y el djet como el de la muerte. A pesar de ello, el *djet* no tiene una connotación negativa. Al contrario, se refiere a lo infinito, a la continuación de la vida después de la experiencia terrenal, o en *la Duat* por la eternidad. Para simplificar, podemos afirmar que, según los egipcios, todo lo vivo existía en la dimensión temporal *del neheh*, mientras que los muertos eran habitantes del *djet*. En este , no hay viaje, sino permanencia de Osiris (Dios de los muertos) en el más allá. Sin embargo, en el corpus de conocimientos y rituales que llegado, esta interpretación adicional del *djet* es claramente visible: dos de los ejemplos más llamativos son la práctica de la momificación (que conserva los cuerpos y, por tanto, los convierte en testimonios directos de la vida de los muertos) y las pirámides, homenaje eterno y tangible al difunto soberano.

En resumen, el tiempo se percibía tanto como una dimensión circular ligada a la vida, el *neheh*, como una dimensión perpetua dedicada a la continuación en el más allá, el *djet*. Por la , cuando el dios del sol Ra se esconde del pueblo y entra temporalmente en el reino de los muertos, las dos concepciones temporales se unen: ahora, cuando sale el sol, comienza otra repetición del viaje cíclico de Ra, mientras que Osiris permanece eternamente *en la Duat* y en *el djet*.

Otro elemento básico de la religión del antiguo Egipto es la veneración de los animales. De hecho, la gran mayoría de las deidades del

El mundo egipcio tiene rasgos animales, y un ejemplo absoluto es el del dios Anubis, que tiene cuerpo humano pero cabeza de chacal. Anubis ya es una figura híbrida, que incorpora características tanto animales como humanas, pero los estudiosos sostienen que en épocas más antiguas (por ejemplo, durante las culturas predinásticas), los animales no sólo eran el verdadero centro del culto religioso, sino también el único objeto del mismo. Al vivir en un entorno natural próspero y rico en diversas especies de fauna, los seres humanos empezaron a ver a los animales como manifestaciones de una entidad superior. Con el advenimiento de la agricultura y las transformaciones sociales y culturales que le siguieron, el mundo animal siguió constituyendo un importante punto de referencia espiritual para los egipcios, pero otros elementos empezaron poco a poco a cobrar relevancia.

Un último detalle que conviene recordar sobre las creencias religiosas egipcias es la naturaleza divina del faraón. La práctica de considerar al gobernante un dios en todos los sentidos se instauró en el periodo del Reino Antiguo, aquel en el que se registró el máximo esplendor cultural en Egipto (en definitiva, la época de las pirámides). Según la tradición, el faraón era una deidad que había sido enviada al mundo terrenal para guiar a los hombres. Al final de su misión, coherente también con el concepto de la muerte como continuación y no como fin, el dios ascendía de nuevo al cielo, reasumiendo su lugar entre las demás divinidades, y dejaba la tarea de guiar a Egipto a su primer heredero. Durante su estancia en la tierra, el faraón encarnaba al dios Horus, pero tras la muerte, asumía la apariencia de Osiris. Como veremos más adelante

Al analizar las distintas deidades del panteón egipcio, Osiris era el padre de Horus.

Tras repasar estas características generales de la religión del antiguo Egipto, entremos de lleno en el tema y centrémonos primero en uno de los aspectos más complejos, la condición después de la muerte.

3.1 La vida después de la muerte

Como ya hemos mencionado anteriormente, la existencia también se consideraba un ciclo que se repetía entre la vida y la muerte. En este círculo, el acto del paso a la otra vida era visto como un cambio de estado, una transferencia de la dimensión terrenal a la de otro mundo, por lo tanto lejos de un punto de llegada o de un final. De hecho, si intentamos aplicar los conceptos a una concepción lineal, se puede afirmar que la muerte se percibía como un principio, el comienzo de una nueva vida en el reino de los muertos.

Para comprender plenamente la espiritualidad vinculada al paso al más allá en la cultura egipcia, es útil y necesario partir de la forma en que los antiguos egipcios veían el espíritu humano. En primer lugar, hay que señalar que el ser humano era visto como un conjunto de facetas diferentes, un mosaico complejo. Según esta visión, no existía un concepto unido similar actual de alma, sino que dentro de cada persona había diferentes fuerzas que la moldeaban y la hacían ser quien era. Aunque algunas de estas fuerzas internas son más conocidas que otras, es probable que los antiguos egipcios contemplaran muchas más de las que conocemos, ya que las fuentes no son del todo seguras. También es probable que las creencias sobre los componentes espirituales del individuo variaran según los cultos locales y las épocas. Sin embargo, no cabe duda de que algunos de los conceptos más significativos llegado hasta nosotros, sorprendentemente, resultan ser ricas en ideas e interpretaciones aún aptas para la época contemporánea. Entre las fuerzas vitales que conformaban al hombre según los antiguos egipcios, centraremos el análisis en las tres: *ba*, *ka* y *akh*. Después hablaremos brevemente de las fuerzas menores. Dado que estas nociones están, desde el punto de vista conceptual, muy alejadas de cualquier concepto espiritual extendido en el mundo occidental, no adoptaremos ninguna traducción para analizarlas. La lengua inglesa no posee los conceptos adecuados para reflejar plenamente el verdadero significado de los términos egipcios, como tampoco los posee ninguna otra lengua europea.

Procedamos, pues, a considerar el primer componente, el *ba*. Para comprender lo que es, debemos recordar los conceptos de tiempo como *neheh* y *djet*, ya explicados anteriormente. Resumiendo brevemente, el *neheh* era el tiempo de la vida terrenal mientras que el djet correspondía a la existencia eterna en el reino de los muertos. Estas dos concepciones estaban relacionadas con dos deidades, el dios del sol Ra y el dios de los muertos, Osiris. El ba puede definirse como la fuerza que guiaba a una persona en el *neheh* durante la vida terrenal. El *ba* es la personalidad, el carácter, las acciones y las elecciones del , su historia. Del mismo modo, el *ba* también representaba la percepción que los demás tenían del , lo que se decía de él, su honor y prestigio. Esta fuerza interna se representaba como un pájaro con cabeza humana y, contrariamente a lo que cabría pensar, el *ba* era una energía inmortal y siempre en movimiento que seguía existiendo independientemente de si la persona seguía viva o no. Pero

Antes de profundizar en este aspecto, introduzcamos el concepto de *ka*. Se trata de la fuerza interna vinculada a la dimensión temporal *del djet*, un tipo de energía estática. El ka representa la herencia del individuo, la conservación de sus energías vitales como ser vivo. Por lo tanto, podemos decir que este componente del espíritu humano tenía dos funciones: por un , los seres queridos del difunto tenían la tarea de honrar y recordar el *ka* después de la muerte, mientras que, por otro, esta fuerza es la que nos permite continuar la vida en el más allá. Además, es interesante señalar dos peculiaridades del ka. La primera es el hecho de que era hereditario. De hecho, se transmitía de padres a hijos. La segunda es que incluso las deidades lo poseían. De hecho, en muchos casos, poseían múltiples porque tenían personalidades tan fuertes y complejas para las que un solo *ka* no era suficiente.

Una vez aclarados los conceptos de *ba* y *ka*, centrémonos en el papel que desempeñaban en las creencias sobre la muerte y cómo se incorporaban a los ritos funerarios. El *ba* llegó a representarse como un pájaro con cabeza de hombre. Esta fuerza, tras la muerte del individuo, era libre de volar y alejarse del cuerpo del difunto, continuando existiendo en el mundo conocido como una energía liberada de cualquier cuerpo terrenal. En varias pinturas, el pájaro *del ba* se representa lejos de la tumba, a veces ocupado en otras actividades, mientras que el *ka* siempre se representa en la tumba, junto con el cadáver. De hecho, se creía que el , al ser el componente espiritual que debía asegurar la continuación de la vida en la otra vida, debían permanecer en la tumba durante un tiempo indeterminado antes de que el difunto pudiera iniciar el viaje al más allá. Los regalos alimenticios que los familiares depositaban en el sarcófago en grandes cantidades se utilizaban para alimentar al *ka* inmediatamente después de la muerte, antes de iniciar el viaje al reino de los muertos. Aunque la representación *del ba* variaba, la del *ka* tenía apariencia humana y reflejaba las características físicas de la persona. En   nos ahora mencionar las   características   de componentes secundarios de la naturaleza humana. El *akh*, más que un rostro humano, puede clasificarse como una dimensión de la realidad que existe independientemente de los seres humanos. Por desgracia, este término, como los demás relacionados con la espiritualidad, no puede traducirse sin distorsionar el significado y no haría justicia al concepto original. El *akh* representa básicamente el principio de la luz, una fuerza del cosmos que irradia energía blanca. Este principio pertenece al cielo y, aunque acompañaba al individuo durante la vida, en el momento de la muerte estaba destinado a elevarse y convertirse en una estrella muy brillante del firmamento. En cierto , esta idea también está relacionada con el concepto de *djet*: la estrella que representa el *akh* del difunto es otro signo, un legado que recordará para siempre a la persona.

Existe otra noción interesante, la del nombre personal (*ren*). Según los antiguos egipcios, tenía una importancia esencial, ya que era otro instrumento a través del cual el difunto podía seguir viviendo en el mundo terrenal después de la muerte.   pocas palabras, si el nombre propio era recordado y dicho por los amigos, familiares y conocidos del difunto, seguiría siendo una representación del individuo. Debido a la gran importancia del nombre, los antiguos egipcios eran muy cuidadosos y solían pensar mucho a la hora de elegir el nombre de un recién nacido. El *ren* era parte integrante del , resumía su personalidad y, sobre todo, determinaba lo que los demás suelos recordarían de él tras su muerte. Estrechamente relacionada con el nombre personal está la noción de *jb*, o el corazón. Según las creencias del antiguo Egipto, el corazón se consideraba de forma similar a como nosotros, hoy en día, vemos el cerebro. Es decir, era el órgano responsable de las emociones y acciones de la persona. *El jb* se originaba en la sangre materna, en el propio corazón de la madre, que en el mismo momento de la concepción daba al niño una gota vital. Tras la muerte, el corazón debía ser examinado y pesado por Anubis, el dios de la momificación. *El jb* no debía pesar más de una pluma, de lo contrario no sería

capaz de acceder a la *Duat*.

En caso de que el corazón fuera demasiado pesado, sería entregado a *Ammit*, o Devorador, una criatura monstruosa que tenía la misión de .

Otro componente del alma humana es el *sheut*, o sombra. En algunos aspectos, es similar *al ka*, pero al mismo tiempo opuesto a él. Ambos representan legados eternos de cada individuo, pero mientras que el *ka* suele tener un significado positivo o al menos neutro, el *sheut* incluye los aspectos oscuros del alma, que en el momento de la muerte se liberan y asumen una forma indefinida de color grisáceo. Otros conceptos clave son *khat* y *heka*. El *khat* representa la carne, por tanto el cuerpo físico del individuo. Es temporal, transitorio y efímero. Es sólo la forma que el *ka* y el ba de un individuo asumen durante la vida terrenal. Esto no significa que *el khat* no tuviera valor en la cultura egipcia. De hecho, incluso en la muerte se prestaba atención a preservar el cuerpo durante el periodo necesario antes de iniciar el viaje al otro mundo. El *heka* se refería al principio que permitía a los seres humanos entrar en contacto unos con otros, comprenderse y sentir empatía, como la compasión, el amor y todos los demás sentimientos y emociones relacionados o dirigidos hacia otro. El propio heka hizo que algunos humanos fueran capaces de influir en los dioses e incluso de comunicarse con ellos (obviamente, no a través de la comunicación verbal tradicional).

Tras examinar la composición del alma según los antiguos egipcios, adentrémonos en las creencias sobre lo que realmente esperaba al difunto en el reino de los muertos. Antes de empezar, conviene

Recordemos que en la cultura y tradición egipcias existía un famoso escrito, comúnmente conocido como el "Libro de los Muertos". Contenía toda la información no sólo sobre la vida después de la muerte, sino también sobre cómo realizar correctamente los rituales funerarios y el viaje que el difunto debía afrontar para acceder a la vida eterna. Los orígenes del volumen son inciertos, se pierden en el tiempo y, hasta la fecha, historiadores y egiptólogos no han podido establecer la procedencia ni el contenido del texto original. Una de las hipótesis más acreditadas afirma que, en realidad, el libro es atribuible (al menos en parte) a una civilización anterior a los egipcios, que heredó y desarrolló sus propias creencias para crear un sistema mucho más complejo, adaptándolo en función de sus necesidades.

Para comprender el más allá egipcio, hay que señalar en primer lugar y tener siempre presente que el concepto de reino de los muertos es doble, es decir, incluye dos dimensiones distintas. La primera es la de la *Duat*, una porción de la esfera celeste invisible para los vivos por estar situada bajo la línea del horizonte. *La Duat* era el hogar de Osiris y el hogar temporal del dios del sol Ra, que se refugiaba allí durante la noche. De hecho, no era en la Duat donde los muertos encontraban la vida eterna, sino en los campamentos de Aaru y Hotep, de los que hablaremos en breve. Volviendo a *la Duat*, se la imaginaba dividida en doce sectores (como las doce horas de la noche) y habitada por diversas deidades del inframundo, entre las que Anubis, Horus, Osiris e Isis. Cada uno de los sectores de *la Duat* estaba asignado al reino de uno o varios dioses y dividido por barricadas y puertas cuidadosamente custodiadas por poderosas y peligrosas criaturas del más allá. Cuando el dios del sol se eclipsaba en la *Duat* cada noche, tenía que cruzar toda la longitud de la dimensión oscura en el *Mesektet* antes de emerger de nuevo en el mundo de los vivos, trayendo la luz del día. En este viaje, Ra se enfrentaba a los monstruos guardianes de los distintos sectores, por lo que la travesía era de todo menos tranquila. Según el mito, al ser un dios, Ra era conocido por las demás deidades y criaturas que custodiaban las puertas, por lo que le facilitaron el paso. Cabe señalar que, para un faraón, y para los demás con importantes cargos de liderazgo en el antiguo Egipto, el viaje a través de la *Duat* era bastante más difícil que para los demás, ya que los obstáculos a los que debían enfrentarse los difuntos eran, en cierto sentido, proporcionales a la resistencia que habían demostrado en vida, así como a las herramientas de que disponían.

El viaje nocturno de Ra a través de la espantosa *Duat* era el mismo camino que todos los muertos debían recorrer para alcanzar la inmortalidad eterna, hasta los campamentos de Aaru y Hotep. Estos lugares espirituales constituyen el segundo concepto del más allá egipcio y son los espacios en los que las almas de los muertos se encontraban pasando la eternidad una vez finalizada la experiencia terrenal. Como se desprende de su nombre, Aaru y Hotep se imaginaban como lugares rurales, concretamente la frondosidad de los cañaverales. Sin embargo, sólo se podía acceder a estas plantaciones tras superar peligros, juicios y pruebas. Veamos un ejemplo del viaje típico y luego consideremos todos los obstáculos posibles. Tan pronto como el sarcófago o

Una vez sellada la tumba (en el caso de una estructura mayor, como las pirámides), comenzaba el viaje del difunto. Como hemos visto anteriormente, *el ba* (representado como un pájaro con cabeza humana) abandonaba el cuerpo casi de inmediato, permaneciendo eternamente en el mundo de los vivos como una de las muchas formas de la memoria de los muertos, una energía destinada a no agotarse nunca. Mientras tanto, el ka permanecía junto al difunto en la tumba durante algún tiempo, básicamente hasta que se agotaban los alimentos depositados por los familiares en el sarcófago con los demás regalos. Tras este transitorio, el ka iniciaba el complicado camino a través de *la Duat*. Entre los obstáculos más temidos, monstruos enormes con rasgos de serpiente y otros reptiles, charcos de fuego que atravesar y el dios del caos, Apep, que intentaría desviar el alma del difunto del camino correcto. El encuentro con el dios chacal Anubis quizá pueda definirse como el momento decisivo y más intenso del viaje. El alma era acompañada a la Sala de las Dos Verdades, donde se realizaban pruebas para determinar si el difunto era digno o no de acceder a la vida eterna. En presencia del dios de la muerte Osiris, Anubis realizaba primero el ritual del pesaje del corazón, destinado a verificar la pureza de la conducta y las intenciones del difunto demostradas durante la vida terrenal. A continuación se procede a la declaración de inocencia del alma, que debe ser analizada y juzgada por un colectivo de más de cuarenta figuras espirituales, en su mayoría divinidades de *la Duat*. La precisión con la que se describen estos procedimientos y rituales en El Libro de los Muertos es impresionante. Es interesante señalar que los egipcios crearon un sistema absolutamente inflexible y casi burocrático de normas para la

vida después de la muerte.

Las almas que atravesaban *la Duat* y superaban con éxito las pruebas de la Sala de las Dos Verdades podían comenzar por fin su vida eterna. Como ya se ha mencionado, Ammit los corazones de aquellos que no eran considerados dignos o lo bastante puros para obtener la vida eterna. Las creencias egipcias sobre la vida en el más allá eran -paradójicamente y en contraste con el resto del complejo sistema religioso y ritual egipcio- bastante simples y concretas. De hecho, se pensaba que las almas estaban destinadas simplemente a vivir en paz, trabajando los campos de Aaru y Hotep y descansando después en un ciclo que se repite sin fin. De esta visión se desprende el gran valor que los antiguos egipcios atribuían al trabajo, convirtiéndolo en la principal actividad del alma para la eternidad. Sin embargo, cabe destacar que también se concedía gran importancia al descanso. De hecho, familiares del difunto -durante el rito funerario- procuraban que el alma tuviera una forma de descansar mediante la deposición de numerosas estatuillas en la tumba. Estas pequeñas figuras de terracota tenían la

Su función consistía llevar a cabo el trabajo que se hubiera asignado al alma del difunto en el campo, o más bien encargarse de cualquier tarea que el espíritu del muerto hubiera sido llamado a realizar por los dioses en el más allá. Las pequeñas estatuas, llamadas *ushabtis*, eran por tanto sustitutos, ayudantes o -según otro punto de vista- esclavos propiedad del alma del difunto Su función era garantizar que el espíritu pudiera descansar, aunque sólo fuera temporalmente, en el reino de los muertos.

3.2 Las divinidades

Dirijamos ahora nuestra atención al vasto y complejo panteón del antiguo Egipto, considerando primero las características generales de las deidades y profundizando después en las figuras más relevantes. Los egipcios representaban a las figuras divinas de dos maneras, que se representaban con rasgos humanos o animales, y a menudo como un híbrido. El hecho de que los animales estuvieran tan presentes en la cultura egipcia era un vestigio de una antigua tradición, que se remonta a los tiempos en que las primeras poblaciones seminómadas comenzaron a asentarse en las orillas del Nilo. Al quedarse en el lugar, la gente conoció la fauna local y, pronto, los animales se convirtieron en objeto de cultos locales diversificados, que a menudo desaparecieron o evolucionaron hacia creencias más estructuradas. A pesar de ello, la adoración por los animales tuvo un efecto importante en la cultura religiosa del antiguo Egipto, hasta el punto de que algunas especies -no en vano asociadas a divinidades- se consideraban sagradas. En las poblaciones tribales de las primeras épocas predominaban sin duda los cultos locales, pero con la formación de importantes entidades sociopolíticas en el Alto y Bajo Egipto se inició también una especie de unificación cultural y religiosa. En este periodo prevalecieron los cultos arraigados en las grandes ciudades, el de los hermanos Horus y Seth en el Alto Egipto, mientras que en la zona baja se abandonó el culto a Isis y Osiris. Con la evolución histórica del antiguo Egipto, los cultos empezaron a extenderse casi uniformemente por todas partes, aunque a menudo manteniendo las preferencias locales. Antes de entrar en el análisis específico de las grandes divisiones, conviene comprender los métodos tradicionales de agrupación de las mismas, como la Ogdoad (ocho divinidades), la Ennead (nueve divinidades), las tríadas y los cuatro hijos de Horus, divinidades encargadas de los órganos dispuestos en los tarros canopos durante el proceso de momificación.

Veamos ahora una por las deidades más importantes,

Ra

descubrir sus características, representaciones y funciones:

Seth

Tradicionalmente, Seth era la deidad vinculada al Alto Egipto, en contraste con su hermano Osiris, que era venerado en la zona baja. Según las creencias, los dos hermanos estaban perpetuamente en conflicto por la supremacía y, en el enfrentamiento, Seth no prevaleció. A partir de ese momento, comenzó a ser reconocido como una deidad con un significado negativo, que representaba el libertinaje, las llagas, el dolor y la violencia. En

En épocas más recientes, y en particular durante el Reino Nuevo, Seth se convirtió en defensor de los pueblos de tierras lejanas y del desierto. Su representación más extendida lo retrata con rasgos típicos

Seth

de un animal del desierto, con orejas grasientas y hocico alargado.

Osiris

Era uno de los dioses egipcios más venerados, con un culto repartido por igual entre el Bajo y el Alto Egipto. Conocido como el dios de la muerte, pero también de la inmortalidad, el mito que describe la muerte y el resurgimiento de Osiris es uno de los más famosos de todo el corpus de creencias del antiguo Egipto. Paradójicamente, Osiris era, al mismo tiempo, el dios de la naturaleza, de la prosperidad y de todo aquello que, siguiendo el movimiento cíclico fundamental, estaba destinado a vivir y perecer indefinidamente. Investigaremos con más detalle la figura de Osiris, junto con Isis, Horus y Seth, cuando consideremos el mito que se desarrolla en torno a su familia.

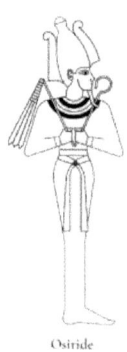

Isis

Madre de Horus y esposa (además de hermana) de Osiris. Junto con ellos, formaba parte de una tríada. El culto a Isis era muy variado y a menudo se diversificaba localmente, pero puede decirse que, en general, esta deidad representaba la naturaleza, la maternidad y la procreación. Isis, en todas sus acepciones locales, seguía teniendo un origen celestial. Aunque representaba nociones esenciales y fundamentales para la vida humana, principalmente la de la maternidad, en los periodos iniciales de su culto era raro que las oraciones mencionaran su nombre o se dirigieran directamente a ella. Sin embargo, en el periodo tardío, el culto a Isis estaba profundamente arraigado no sólo a nivel de la religión institucional, sino que la diosa se había convertido también en una de las más invocadas, ya que, según la tradición, Isis era especialmente benévola e inclinada a escuchar las peticiones de las almas en su forma terrenal.

Iside

Horus

Hijo de Isis y Osiris, era representado como un hombre con cabeza de halcón. Horus fue imaginado inicialmente como el dios de la victoria y el triunfo. Estaba muy vinculado a las figuras de los faraones. Incluso antes del Reino Nuevo, Horus empezó a ser identificado como el dios del sol. De hecho, sus ojos eran vistos como el sol (derecha) y la luna (izquierda). descubriremos en el capítulo dedicado a los mitos, Horus, junto con sus padres, fue el protagonista de una de las leyendas más famosas del antiguo Egipto. En pocas palabras, Horus era un hijo orgulloso y valiente, pero al mismo tiempo vengativo a la hora de vengar a su padre.,

Horus

Atum

En un principio, Atum era la deidad local de la ciudad de Heliópolis y, según el mito heliopolitano, fue la primera deidad, creadora absoluta de todos los demás dioses. Posteriormente, tras extenderse su culto por todo el antiguo Egipto, pasó a ser reconocido como la deidad del sol poniente y -por extensión- como el guardián de las almas de los muertos. Su representación más extendida era la de un hombre sencillo, con la cabeza adornada con una doble corona, símbolo de la unión entre el Bajo y el Alto Egipto, mientras que una representación alternativa lo representaba con cabeza de halcón y cuerpo de hombre. La raíz de la que deriva su nombre, -tm, indica dos conceptos diametralmente opuestos, es decir, el de todo y el de nada.

Atum

Thoth

También él había desempeñado un papel importante en los mitos sobre la creación del mundo como deidad lunar. Con el paso de los años, la figura de Thot también sufrió una evolución, estableciéndose finalmente primero como divinidad del tiempo y luego de la verdad. Según algunas interpretaciones, la invención de la escritura jeroglífica se atribuyó a Thot y una de sus funciones era la de escriba al servicio de otras divinidades. Junto con Maat y Anubis, Thot tenía un papel importante en la determinación de la salvación o la condena de los muertos.

Thot

Amón

Amón era un dios de origen antiguo, característico de la región de Tebas y asociado -al igual que Ra- con el sol. Como se preveía, durante el periodo de unificación, las dos principales deidades solares se unieron en una sola entidad, el dios solar Amón-Ra. Normalmente, el dios Amón se pintaba con rasgos completamente humanos, pero su piel se coloreaba a menudo de azul, como para resaltar su naturaleza divina. De hecho, se creía que la piel divina tenía incrustaciones de lapislázuli azul. Siempre llevaba un gran tocado adornado con dos largas plumas. Aunque los egipcios solían utilizar esta representación, hay que señalar que en realidad -a diferencia de las demás deidades- no existía un concepto muy preciso de la apariencia de Amón. De hecho, el propio significado de su nombre revela que su esencia es inaccesible para el hombre: la palabra *imn*, de la que deriva Amón, significa oculto, misterioso.

Amon

Maat

Era la diosa encargada de juzgar, junto con Anubis y Osiris, la pureza del alma de los muertos. La pluma de Maat se utilizaba -según las creencias sobre el paso al más allá- en el rito de pesar el corazón. El órgano no podía superar el peso de la , pues de lo contrario indicaría la corrupción alma y el paso al reino de los muertos habría sido imposible. Además de esta tarea particular en el reino de los muertos, la diosa Maat tenía la función de preservar el orden del cosmos, así como proteger la verdad y la justicia. Normalmente se la representaba como una mujer, con una pluma colocada verticalmente sobre la cabeza.

Maat

Anubis

Era el dios de la momificación y del mundo de los muertos. Se le representaba como un hombre con cabeza de chacal. Como deidad principal del reino de los muertos, a Anubis se le atribuían diversos ámbitos, como los procedimientos de embalsamamiento (extracción de órganos, etc.), la protección de las tumbas y el rito de pesar el corazón (también llamado psicostasia) y, posteriormente, la conducción de las almas en el más allá. Según la tradición, el dios chacal nació de la unión ilícita entre el dios Osiris y la diosa Neftis, gemela de su esposa Isis. Nada más nacer, Anubis fue rechazado inicialmente por fruto de la infidelidad y -tras ser criado durante los primeros años por una manada de chacales- fue rescatado por su tía Isis. Sin embargo, las teorías sobre el origen de Anubis fueron muchas. Según otras interpretaciones, era hijo del dios solar Ra o de la diosa Bastet.

Anubi

Bastet

Representada con cuerpo de mujer y cabeza de gato, era la divinidad de la felicidad, de todo lo relacionado con la alegría (baile, comida, canto). El gato era uno de los animales con valor simbólico y espiritual en el antiguo Egipto: los gatos cazaban ratones y protegían así las provisiones, lo que permitía a los egipcios conservar los alimentos para los periodos de hambruna y sequía. A partir de este motivo inicial de adoración, el culto al gato creció exponencialmente hasta encontrar una especie de institucionalización. De hecho, las costumbres impedían la venta de gatos y existían severos castigos para aquellos que hirieran o mataran gatos. Entre otras funciones de la diosa-gata, se creía que tenía el poder de promover la unión sexual y la concepción. Por esta razón, durante el periodo del Reino Nuevo, a menudo se la combinaba con la diosa madre Hathor. Según los testimonios que nos han llegado, los ritos ligados a Bastet eran especialmente explícitos (según las normas del tiempo) y contó con la participación de un gran número de mujeres, mientras que

Baset

la presencia de niños estaba prohibida.

Hathor

Era una deidad del cielo, madre del dios halcón y, por tanto, a menudo combinada con Isis. Se la representaba con cabeza de vaca sobre cuerpo de mujer y su vientre representaba el cielo estrellado. Representaba todo lo maternal y cuidadoso, por tanto el cuidado, el calor, el consuelo y el alimento. Al ser la madre de Horus, que a menudo se consideraba una personificación del faraón, también se la imaginaba como la madre del propio gobernante. Además de estas funciones, Hathor era también una deidad funeraria, ya que tenía la importante tarea de aliviar el hambre y la sed y purificar el alma en la otra vida. La diosa madre era venerada en todo Egipto, aunque era especialmente la protectora de la ciudad de Dendera, donde se construyó el templo dedicado a ella.

Hathor

3.3 Rituales

Tras familiarizarnos con más detalle con las principales deidades que se veneraban en el antiguo Egipto, ha llegado el momento de desviar la atención hacia los ritos y prácticas que los antiguos ponían en marcha para celebrar o simplemente marcar la sucesión de acontecimientos de la vida terrenal o para demostrar el culto hacia deidades y fuerzas particulares del universo. Sin duda, los rituales egipcios más conocidos son los funerarios, de los que nos ocuparemos más adelante. Sin embargo, limitar el campo de las variadas prácticas religiosas y ceremoniales únicamente a los ritos funerarios no haría justicia al sistema de liturgias. Por este motivo, nos centraremos también en el análisis de las fiestas y otros tipos de celebraciones rituales, también relacionadas con el concepto de magia. La magia desempeñaba un papel muy importante en el corpus de creencias. De hecho, existía una deidad que la representaba y llevaba su nombre: el dios *Heka*.

El principal tipo de rituales que se realizaban en el antiguo Egipto eran las prácticas devocionales, que tenían lugar a lo largo de todo el año y a menudo en diferentes momentos, dependiendo de la importancia de la deidad para los lugareños. Además de las celebraciones de las divinidades clásicas, también estaban muy extendidos los ritos que festejaban el nacimiento y la muerte de los faraones (que, recordemos, seguían considerándose divinos) y el momento de su proclamación como gobernantes. En estas ocasiones, la población solía reunirse en los lugares públicos de los centros urbanos, adornándose y llenando la ciudad de imágenes iconográficas de los dioses, estatuillas, regalos y animales sagrados. Mientras que en los centros urbanos más desarrollados las celebraciones contaban con la participación de la mayor parte de la población, en las localidades más periféricas los rituales solían ser más reducidos y, en ocasiones, tenían lugar de forma "privada" dentro de los hogares individuales (por ejemplo, un ritual estaba específicamente destinado a conmemorar a ser querido fallecido). También entenderse que tanto los rituales religiosos como los paganos solían estar rodeados de un aura de espiritualismo, esoterismo y misterio. El componente mágico se entrelazaba con fluidez en las prácticas rituales, las fórmulas mágicas y los hechizos reales se utilizaban ampliamente en las formas menos oficiales de las celebraciones. De este , la magia llegó a fundirse con la liturgia tradicional y -con el paso del tiempo- llegó a introducir cambios significativos en algunas prácticas clásicas. Además de las celebraciones de las divinidades y de los difuntos, cabe mencionar las diversas festividades estacionales, empezando por los ritos de celebración con motivo de la crecida del Nilo.

Así pues, vayamos al meollo del tema y empecemos centrándonos en algunos de los rituales de devoción más famosos, empezando por los siguientes que ven al dios Osiris como objeto de veneración. El rito de los "cuatro terneros" tiene orígenes antiguos y se remonta a la época del asentamiento de las primeras poblaciones semidespobladas a orillas del río Nilo. Inicialmente se centraba en los productos de la tierra y en la gratitud humana hacia este don divino. El rito consistía en una sesión de celebración de la cosecha que, según los antiguos, era supervisada por Osiris. Los bastones con los que a menudo se representaba a Osiris simbolizaban una serpiente (cortada en dos). Con la evolución de la representación del dios, el mito de los terneros también sufrió una revisión y el centro de la ceremonia pasó del cultivo de los campos al arado, realizado por animales. Los terneros, cuatro por lo general, pisoteaban la tierra sobre el cenotafio de Osiris y, de este modo, lo ocultaban de los enemigos para evitar que fuera profanado.

Otro famoso ritual vinculado a Osiris es la migración a la ciudad de Bubastis, capital del Bajo Egipto durante el periodo arcaico. Durante esta celebración, el pueblo conmemoraba las acciones de Isis hacia su hermano y esposo Osiris. Las mujeres interpretaban canciones colectivas a ritmo rápido, los hombres tocaban antiguos instrumentos musicales y se realizaban sacrificios de animales.

Siempre ligado a la figura de Osiris -aunque indirectamente- está uno de los mitos de execración, es decir, de condena y desprecio absoluto hacia un dios que había adoptado, según la tradición, comportamientos abominables hacia otros miembros del panteón egipcio. Un ritual de execración especialmente conocido es el de los diez arpones contra Set. Mediante una fiel reproducción de la leyenda, durante este rito, los egipcios representaban el momento en que Seth era asesinado por Horus con la ayuda de su madre Isis. Como se deduce del nombre del ritual, la muerte del dios se reproducía implantando diez arpones en diez partes diferentes del cuerpo de Seth. La resurrección del dios Osiris se simbolizaba en cambio con una especie de desfile para simbolizar el regreso. Otro ritual de execración era el que se llevaba a cabo contra el monstruo Apep, una de las temibles criaturas que tenían la misión de hacer del viaje diario del astro rey por la *Duat* una especie de travesía infernal. A menudo imaginado y representado como una gran serpiente, en el ritual del "Destierro del Caos", el dios Apep es debilitado hasta que es incapaz de dañar a Ra durante la travesía del reino de los muertos. Según la tradición, se golpeaba repetidamente una bola que representaba el ojo maligno de la gran serpiente, hasta que se rompía, dejando inofensivo a Apep.

Otro tipo de ritual era la celebración de los faraones, vinculada al culto del sol. En un festival anual que se percibía como el inicio de una nueva era tenía lugar, que consistía en elevar la estatua del faraón hacia la luz del sol hasta cubrirla por completo. Este tipo de rituales tenían lugar en tiempos de Ra, y más tarde en los de Amón-Ra (Dios producido por la fusión de las dos principales deidades solares tras la unificación de los Reinos). Mediante esta práctica, el nuevo faraón tenía la oportunidad de reencontrarse con su esencia luminosa. También vinculados a los ritos de celebración de los faraones están los raros casos de prácticas que implicaban sacrificios humanos. El periodo inmediatamente posterior a la muerte de un faraón era un momento crucial que determinaría la calidad de vida del dios en el más allá. Por este motivo, las rutinas tradicionales de momificación y la construcción de tumbas majestuosas eran llevadas a cabo por funcionarios con una gran atención al detalle, así como a la opulencia evidente. Como ya se ha señalado era práctica común disponer en la tumba del difunto - entre otros objetos y alimentos- estatuillas, los *ushabtis*, que ayudarían al alma a realizar su trabajo. Para los faraones, esta práctica se elevaba a un nivel superior: los ayudantes ya no eran estatuillas de terracota, sino personas, los mismos esclavos que habían ofrecido sus servicios al faraón en el reino terrenal tendrían que seguir haciéndolo por toda la eternidad.

Veamos ahora una celebración muy importante, el Festival de Opet. Se centraba en la celebración de la tríada de Tebas, compuesta por el dios Amón, su esposa Mut y su hijo Khonsu. Al ser una celebración estacional, solía celebrarse en el segundo periodo de inundaciones, presumiblemente hacia septiembre. La fiesta de Opet tenía dos objetivos: por un lado, reunía a las divinidades de la tríada y renovaba su fuerza, que había perdido vigor durante el año. Al mismo tiempo, permitía el renacimiento del alma, el *ka*, del faraón, con lo que su reino volvía a ser legítimo. En la práctica, Opet consistía en una procesión en la que Amón, partiendo del templo tebano de Karnak, era acompañado por el faraón y los sacerdotes en su viaje de reencuentro con su amada Mut, que habitaba en el templo de Luxor. Inicialmente, el festival duraba once días, pero en el del Reino Nuevo, fue el veintisiete. El primer día, el soberano entró en el templo de Amón en Tebas e inició rituales de purificación del aire y la tierra mediante incienso, ayudado por numerosos sacerdotes expertos. Así se eliminaba cualquier fuerza negativa que pudiera provocar la ira de los dioses. De hecho, durante todo el , los sacerdotes continuaron purificando el aire y la tierra. Una vez completado el ritual de purificación inicial en el templo de Karnak, las estatuas de la tríada tebana -que habían sido depositadas en barcas decoradas festivamente- eran colocadas sobre los hombros de los sacerdotes y comenzaba el viaje al templo de Luxor. El faraón y los sacerdotes llegaban a un embarcadero a orillas del Nilo, donde las estatuas eran trasladadas a un barco llamado barca. Mientras la barca transportaba la tríada a Luxor, una procesión de sacerdotes salía de tierra y avanzaba en paralelo por las orillas del Nilo, a la que se unían sacerdotisas y guerreros que cantaban canciones y tocaban instrumentos. Una vez llegados al templo de Mut, las estatuas fueron suavemente descargadas del barco e introducidas en el templo. Al abrigo de los ojos de la multitud, los dioses revelarían al faraón importantes verdades que le guiarían en la toma de decisiones fundamentales sobre el liderazgo de Egipto. Las estatuas permanecían durante varios días, hasta la segunda parte del rito, la destinada a purificar el alma del gobernante. En una sala llamada "Cámara del Nacimiento", se regeneraba *el ka* del faraón. Una vez fuera del , se renovaba la legitimidad del faraón -al igual que su ka- y se confirmaba su linaje divino.

3.4 Ritos funerarios

Tras cubrir los rituales estacionales y la celebración de las divinidades, ha llegado el momento de examinar brevemente la parte más conocida de la liturgia egipcia. En los capítulos anteriores hemos analizado en detalle la compleja y fascinante idea egipcia de la vida después de la muerte, pero ¿cuáles eran los ritos utilizados para preparar a los difuntos para su viaje a la vida eterna en los campos de juncos? Como ya se ha dicho, la inmortalidad del alma, del ka, sólo se alcanzaba bajo ciertas condiciones, antes de la conservación -al menos durante un tiempo- del cuerpo terrenal del difunto. Para ello, los egipcios adoptaron la famosa práctica de la momificación, un procedimiento muy complicado que permitía conservar los cadáveres cuyos restos han llegado hasta nosotros. En primer lugar, los egipcios comprendieron que mantener los órganos vitales dentro del cuerpo dificultaría la momificación, por lo que la extracción era el primer paso. Utilizando bronce, los sacerdotes que realizaban la momificación entraban en las cavidades del cuerpo y agarraban los órganos para extraerlos y colocarlos en cuatro vasijas, llamadas canopos, de diversos tamaños, que se disponían en la tumba junto con el cadáver. El único órgano que quedaba en el cuerpo era el corazón, que los egipcios consideraban la sede del intelecto y, sobre todo, del alma, las emociones, los sentimientos y, por tanto, la esencia de la personalidad. Los vasos canopos debían proteger los órganos del deterioro natural. El cuerpo era entonces

Se dejaba secar durante un periodo de al menos cuarenta días y, a continuación, se aceitaba con preparados de hierbas y sustancias con componentes alcohólicos que impedían la formación de bacterias responsables de la descomposición. El último paso consistía en rellenar con madera picada los agujeros practicados al extraer los órganos y, a continuación, envolver el cuerpo en vendas de lino. Ya totalmente deshidratado, el cuerpo se colocaba en un   más o menos

suntuoso sarcófago.

3.5 Criaturas mitológicas

Incluso más allá de los dioses, la cultura y la religión egipcias eran increíblemente complejas y muy ricas en otras criaturas sobrenaturales. En este capítulo, analizaremos en detalle tres de las principales figuras, a saber, la esfinge, el grifo y Ammit.

Esfinge

Empecemos por la esfinge. La principal característica de este monstruo es su cuerpo de león (a veces alado, a veces no), mientras que la forma de la cabeza tiene tres versiones: cabeza de hombre, de cabra o de halcón. La escultura más famosa de una esfinge es sin duda la que se encuentra en la necrópolis de Guiza, no lejos de las tres pirámides. Esta esfinge en concreto es una "androsfinge", es decir, representada con cabeza humana. Pero, ¿cuál era la función de estas enormes criaturas? ¿Por qué se construyeron junto a la necrópolis? En primer lugar, hay que dejar claro que la función de la esfinge era proteger al difunto y garantizar que la vida en el más allá estuviera libre de molestias derivadas de actos de profanación de la tumba. Curiosamente, en la mayoría de los casos de esfinges con cabeza humana, ésta era la del difunto cuya tumba debía vigilar la esfinge.

Griffin

Centrémonos ahora en la segunda criatura, el grifo. Este monstruo era imaginado como una criatura del desierto que atacaba cualquier forma de vida para devorarla. Se representaba, en la mayoría de los casos, como un león alado con cabeza de buitre o águila. Aunque es mucho más fácil encontrar representaciones del grifo en las culturas griega y micénica, también hay algunas más raras que se remontan con certeza al antiguo Egipto, e incluso al periodo predinástico. La función tradicional del grifo era ser el guardián de grandes riquezas. Por este motivo, se cree que las estatuas y pinturas originales de grifos se encontraban cerca de tesoros que debían guardarse, como templos o tumbas muy ricas que corrían el riesgo de ser saqueadas.

Ammit

La otra criatura mitológica principal en el corpus de creencias del antiguo Egipto es *Ammit*, o la diosa devoradora. Este monstruo -diseñado específicamente para infundir repugnancia y miedo- está compuesto por las partes del cuerpo de tres especies animales: una cabeza de cocodrilo, la parte superior de un león la parte inferior del cuerpo es típica de un hipopótamo. Estos tres animales tienen características extremadamente violentas y peligrosas. Por esta razón se incorporaron para dar vida al que quizá pueda definirse como el monstruo más horripilante de toda la mitología egipcia. *Ammit* es una criatura mitológica femenina también conocida como la Devoradora de los Muertos o Tragona de los Muertos. Su papel era bastante específico y su nombre lo describe con bastante claridad. La Devoradora se encargaba de comerse los corazones de los muertos que no superaban la prueba de la pluma de Maat como parte del rito de psicoestasis, puesto en

lugar por el dios Anubis en presencia de Osiris.

Capítulo 4

CUENTOS, MITOS Y LEYENDAS DEL ANTIGUO EGIPTO

Ahoravayamos al meollo de nuestra historia, que le transportará miles de años atrás, donde podrá sumergirse en un lugar hecho de dioses, monstruos y aventuras legendarias. Los antiguos egipcios, como pueblo extremadamente inclinado al arte, dieron origen a todo un sistema de narración épica. La principal razón por la que sus relatos y las asombrosas leyendas que narraban la tierra del Nilo no son extremadamente populares hoy en día es probablemente el hecho de que este magnífico pueblo fue subyugado durante siglos por los romanos, que no absorbieron su sistema narrativo. En otras palabras, dado que el punto de referencia de nuestros antepasados fueron los romanos y no los egipcios, a menudo resulta difícil encontrar una recopilación realmente convincente y fiel de lo que se contaba en el antiguo Egipto.

A pesar de este papel quizás secundario, o más bien "nicho", en el imaginario común de hoy en día, los egipcios fueron extremadamente prolíficos, creando innumerables mitos e infinitas versiones de los mismos, tanto que reunirlos todos en un solo tomo es casi imposible. Por esta razón, encontrará un gran número de leyendas e historias, seleccionadas especialmente pero no necesariamente exhaustivas de todas las historias producidas por este magnífico pueblo. Reunir todo lo producido por los antiguos egipcios en un solo volumen sería reduccionista y no haría justicia a su propio patrimonio. Por ello, con profundo respeto y sincero agradecimiento, le invitamos a sumergirse en los relatos que figuran a continuación.

Sin embargo, antes quiero ofrecer una pequeña visión de conjunto. Ni que decir tiene que los pueblos del Nilo no tienen nada que envidiar a ninguna otra civilización antigua, tanto por la riqueza como por la complejidad del sistema narrativo al que dieron vida. Por ejemplo, como todos los pueblos antiguos, y como ya se ha leído, los egipcios formularon su versión de la cosmogonía, es decir, la forma en que fue creado el cosmos. Por otra parte, no se podría pensar en empezar a contar la historia de la humanidad y la divinidad sin su origen. La pregunta "¿dónde y cómo empezó todo?" era tan importante para los egipcios que puede decirse que el mito relacionado con ella, a saber, el del dios Atum y sus descendientes, puede considerarse el pilar fundacional de todo su sistema divino. Sus relatos, que además coinciden perfectamente con su fe y sus creencias, pueden encontrarse en escrituras jeroglíficas dentro de los lugares de culto, así como en papiros. Aunque estos conocimientos se difundían principalmente de forma oral, los egipcios sintieron la necesidad de dejar constancia escrita , pero con caracteres difíciles de encontrar en otros lugares. Esta atención se debía principalmente a que creían estar celebrando, a través de los jeroglíficos, todo el sistema del que pensaban que había surgido todo: los principios de la vida, la naturaleza e incluso las relaciones humanas, la sociedad y el poder.

La profundidad y complejidad de sus relatos se justifica también por la conexión que, según ellos, tenían los dioses con el mundo de los seres humanos, sobre el que reinaban. Este tipo de vínculo hacía que incluso los gobernantes terrenales fueran considerados divinos, además de dar lugar a todo un sistema de jurisprudencia compartido por toda la sociedad. Por si todo esto no bastara para hacer interesante y único al pueblo egipcio, también creían que el suelo de la tierra era sagrado y debía venerarse como tal. Esto se derivaba del hecho de que inicialmente estaba habitado por los propios dioses, que sólo más tarde -como veremos- decidieron trasladarse al cielo. Provechosos y magnánimos, sin embargo, no dejaron a los seres humanos sin guía.

4.1 Popularidad, otras culturas y curiosidades ocultas

Uno de los aspectos más peculiares del antiguo Egipto es el interés que suscita en todo el mundo, no sólo por su gran capacidad científica, política y constructiva, sino también por los mitos y leyendas que creó. Desde la , otros pueblos se han interesado por la mitología egipcia, como es el caso del texto "*Isis y Osiris*", escrito por el griego Plutarco. Desde la patria de la democracia, los más grandes artistas y escritores siempre se habían sentido profundamente impresionados por sus homólogos africanos, que a menudo se identificaban no sólo con la inspiración y el arte, sino también con el intelecto y el conocimiento. Plutarco, además, era el último de una larga serie de eruditos griegos que habían expresado en sus el amor por la cultura egipcia: de Platón a Heródoto, pasando por Pitágoras, el vínculo que les unía parecía a veces inevitable. La lectura de la obra de Plutarco sigue definiéndose como una de las mejores formas de acercarse al mundo de las leyendas y de la mitología en general, actuando como una especie de lupa capaz de encontrar hasta el más mínimo detalle, pero al mismo tiempo de aplicar un análisis lúcido y en cierto modo racional. Lo que hizo Plutarco dio una nueva profundidad al propio mito -combinando el sistema divino griego con el de los egipcios, junto con la doctrina sagrada de otros y el sistema de pensamiento introducido por

Platón. Leer su texto significa hacer un viaje a través de dos diferentes culturas, pero al mismo tiempo a veces comunicándose, dejándose atraer por constantes misterios y puntos de sombra que nunca pueden explicarse con la razón.

Además de todos estos puntos destacados, los relatos de los antiguos egipcios se diferencian de los de otras culturas por su estrecha relación con la historia propiamente dicha. De hecho, a menudo encontramos dentro de los textos mitológicos nombres o referencias históricas que también se encuentran en textos oficiales de otras sociedades contemporáneas. No debe sorprender, por tanto, leer "píldoras" de historia incluso dentro de algunos de los relatos que siguen, porque más allá del sistema divino, casi todas las circunstancias humanas habían caído en la realidad cotidiana. Esto se debe principalmente al carácter exquisitamente lúdico de muchos relatos egipcios. A diferencia de lo que estamos acostumbrados en el mundo occidental, aquí no suele haber un final feliz ni una moraleja de la que extraer una lección importante. Sin embargo, sumergirse en una lectura de placer también puede ser útil, ¡y no todo tiene por qué enseñar algo para ser apreciado!

4.2 El complot contra Ra y la ira de Hathor

Uno de los grandes protagonistas de la mitología egipcia, el dios Ra, reinaba -poco antes del comienzo de la historia- tanto sobre la humanidad como sobre la raza divina. No sólo era el rey de cualquier ser existente, sino que era tan grande que se creó a sí mismo a partir de la infinita extensión de Nu, lo que le situaba al mismo nivel que el padre de todos los dioses, Atum. Desde que cobró vida, Ra reinó y paradójicamente llegó a ser más longevo que el propio Nu, así como más poderoso que cualquier dios conocido. Parte de su poder le venía dado por su formación física -su ojo se identificaba con el Sol-, capaz de regular la vida en la Tierra y de prender fuego a aquello que no siguiera sus dictados. Aunque era un dios, la edad también avanzaba para él, pero dado su carácter grandioso, con el paso del tiempo, sus miembros, en lugar de arrugarse y debilitarse, se transformaban gradualmente en piedras y metales cada vez más preciosos. Los hombres, deseosos de riqueza y cegados por el brillo que brotaba de él, querían apoderarse de sus cabellos de lapislázuli y de su cuerpo dorado y plateado.

Siendo omnipotente y omnisciente, Ra se dio cuenta de las malas intenciones de los seres humanos y decidió tenderles una emboscada. Así que llamó a todos los dioses y diosas sobre los que gobernaba, incluido el atávico Nu. Fue a estos últimos a quienes pidió consejo definitivo sobre cómo tratar a los malintencionados. La principal opción en opinión de Ra habría sido , pero nunca se habría atrevido a realizar un acto tan extremo antes de consultar con la entidad divina por excelencia. Aunque Nu intentó tranquilizar a Ra sobre su autoridad y la deferencia que los humanos sentían hacia él, el resto del consejo divino le aconsejó que enviara a su ojo (el Sol) a perseguir a cualquiera que pretendiera atentar contra su vida o su riqueza. El dios todopoderoso siguió el consejo y decidió utilizar a Hathor, la diosa habitualmente plácida y benévola, para llevar a cabo la tarea.

La diosa fue capaz de infligir un castigo ejemplar a todos los seres humanos que conspiraron contra Ra, hasta el punto de que más tarde sería conocida como "poderosa" tanto entre mortales como inmortales. Sin embargo, una vez recibidos los halagos del dios supremo, quiso continuar con la destrucción de la humanidad. Sin embargo, esto no fue considerado malvado, ya que muchas otras deidades
la apoyaban y querían que todos los seres humanos perecieran. A pesar de esto,

Ra formaba parte del grupo de dioses "benévolos", así que ideó un plan muy elaborado para salvarlos, del que Hathor no se dio cuenta. Hizo que le entregaran una gran cantidad de arcilla roja, y luego la transformó en una cerveza de color rojo sangre. Era muy importante para el plan que fuera deliciosa, y para ello Ra recurrió a los mejores cerveceros del mundo. Cuando la probó, quedó gratamente impresionado y dio orden de verterla por todos los campos hacia los que se dirigía la diosa sedienta de sangre. Una vez hubo llegado, se dejó engañar por el magnífico aroma del líquido rojo fuego y comenzó a beberlo. Pronto se encontró borracha incapaz de ser una amenaza para la humanidad.

Cayó en un sueño muy profundo y, cuando despertó, era incapaz de recordar la rabia que había sentido. Sin ningún propósito, decidió volver entre las demás deidades y presentarse de nuevo ante Ra, que se alegró mucho de verla, sabiendo que, entre otras cosas, no acabaría con toda la raza humana. Así, decidió honrarla con un banquete y ordenar que se celebrara de la misma manera todos los años, con la preparación de alcoholes de todo tipo que eran preparados por las mejores siervas de todo Egipto. Hathor volvía así a ser lo que era antes, aquella dócil deidad que se había ganado el título de "poderosa" gracias a su imparable ira. Además, también volvió a ser el ojo de Ra, tomando la forma del sol y fundiéndose con él.

4.3 Nace la sabiduría: los libros de Toth

El protagonista de este mito es Thot, un dios muy importante que representaba la sabiduría y la verdad. Al ser de enorme intelecto, a menudo también se le representaba como el que trajo la plenitud a la existencia. Los antiguos egipcios también creían que fue él quien creó la escritura y la lectura y se las dio a los seres humanos. Además, algunos cultos del antiguo Egipto también creían que él había dado forma a todo el lenguaje en general, así como a las matemáticas y todo lo relacionado con ellas (es decir, la astronomía y la tecnología). Además, aunque generalmente se le representaba como un dios dedicado a la paz, muchos decían que Thot había conducido durante mucho tiempo la magnífica barca del dios Ra, a bordo de la cual derrotaba a las hordas de enemigos que encontraba en el camino.

Sin embargo, el mito que se desarrolló en torno a Thot estaba más relacionado con su hipotético legado que con su figura. Aunque fue dorado e idolatrado sobre todo por la casta sacerdotal (que veía en él el referente natural), su mayor reclamo de fama procedía de los legendarios 42 libros que escribió. En realidad, sin embargo, poco o nada se sabe de ellos, ni de su contenido ni de dónde se encontrarían. Su mayor característica es, sin duda, el misterio. En cuanto a los temas, deberían contener sabiduría sobre temas más amplios, dados los atributos del propio dios. En cualquier caso, Thot (una vez terminada la obra) habría decidido ocultarlo todo con gran astucia. Pero ¿por qué no dar el conocimiento a los seres humanos de una forma más

¿vía directa? ¿Dónde pueden seguir ocultas las enseñanzas del dios? Y, sobre todo, ¿qué gran secreto podría esconder? En los siguientes apartados se profundiza en ello.

4.4 El consejo de los sabios

La transmisión oral era muy importante en el antiguo Egipto, por lo que los secretos y conocimientos sobre cada área se transmitían a través de las palabras de los sacerdotes. Un día, sin embargo, se organizó una reunión en la que había que determinar qué lengua era la más adecuada para esta , con el fin de que el mayor número posible de personas pudiera beneficiarse de los nuevos descubrimientos. Traspasando todas las barreras lingüísticas y semánticas existentes, los sabios decidieron que la única forma de poner a todo el mundo de acuerdo sería utilizar un lenguaje hecho de imágenes, es , el lenguaje de los sueños. Juntos, redactaron un gran libro, que, según algunos, formaría parte de los 42 libros concedidos por Thot, llamado el "Libro del Conocimiento", en el que cada tipo de saber estaba representado con figuras muy parecidas a los jeroglíficos que todos conocemos. La obra era muy valiosa y no debía caer en manos equivocadas, manos que la habrían explotado en beneficio propio y no en aras del . Pronto, el consejo se dio cuenta del peligro y, dada la necesidad de una solución inmediata, se convocó una reunión muy urgente. Hubo muchas propuestas y días y días de debate. Después de crear algo tan perfecto y significativo, desde luego no podían tirarlo a la basura ni arriesgarse a que se utilizara para el mal. Después de mucho y de muchas discusiones amargas, uno de los sabios tuvo una idea brillante: "¡No esconderse!". Estas palabras condujeron a un pesado, silencio asombrado. Pronto, algunos de los presentes se acercaron pidiendo explicaciones, a lo que él respondió: "Los necios de no se darán cuenta de lo que tendrán en sus manos. Entregar este libro a todos y cada uno de los seres humanos hará que nadie lo busque ni lo idealice, sino que, por el contrario, garantizará su continuación y perseverancia." La explicación, aunque no del todo clara, escondía en realidad una inmensa sabiduría: el método propuesto habría garantizado miles y miles de personas que actuarían como vehículos del libro, aunque inconscientes. Al mismo tiempo, sólo los sabios y dignos entenderían lo que estaba escrito, ya que era necesario saber interpretar su contenido de forma activa, en lugar de recibirlo pasivamente. Todos los sabios estuvieron de acuerdo en que ocultarse a plena vista sería la mejor manera de preservar el Libro del Conocimiento de Thot, por lo que lo pusieron en circulación y dejaron que su contribución irradiara por todas partes con gran poder.

4.5 De nuevo ocultos a plena vista: los equinoccios, monumentos y catástrofes que se pueden superado.

Thot, que ya había entregado un importante caudal de conocimientos a la humanidad, decidió crear una obra abarcadora y, sobre todo, permanente, de todo lo que tenía que ofrecer. A pesar de ello, y del inmenso afecto que sentía por los seres más pequeños, el dios no creía que estuvieran aún preparados para recibir un regalo de tal magnitud. Por esta razón, ideó un . No sólo su legado sería bueno para el uso común, sino que la voluntad divina aseguraría que sólo una generación digna de toda aquella sabiduría sería capaz de . Siguiendo algunas fuentes, los libros se habrían ubicado bajo la Pirámide de Giza, en una cripta secreta que nunca sería detectada. Así, durante mucho tiempo, huestes enteras de hombres aventureros se sucedieron en la búsqueda, rumbo al desconcierto y a muertes casi completamente inexplicables. El fracaso de todos estos expertos, sin embargo, demostraría lo falaz de esta teoría, hasta el punto de que este tipo de investigación se ha abandonado en los últimos tiempos.

Una vez descartada esta posibilidad, se formuló otra aún más asombrosa, basada en unos textos sagrados ya escritos y transmitidos por los antiguos egipcios. Los más astutos empezaron a pensar que los 42 libros eran una alegoría de algo mucho más grande y compleja. Según esta lectura, las Pirámides de Giza y la Esfinge habrían sido la representación terrestre del mensaje de Thot. Utilizando un método de cálculo astrológico muy complejo, se ha podido ver cómo estas construcciones se correspondían perfectamente con los astros, en referencia a la precesión de los equinoccios. Este término se refiere al movimiento muy lento y constante que la Tierra realiza sobre sí misma, cambiando gradualmente su orientación con respecto a los cuerpos celestes a lo largo del tiempo. Un ciclo completo de este desplazamiento dura más de 25.000 años. Por lo tanto, va más allá incluso de la historia humana que conocemos hasta la fecha (¡y con creces!). Según la creencia egipcia, cada fin de precesión correspondía a un cataclismo de dimensiones extremas, cada poniendo en serio peligro la vida de la propia humanidad. Por ello, unos simples libros no habrían servido de nada, pero el dios habría guiado a los seres humanos en la construcción de esas grandes obras para que ni siquiera las peores catástrofes pudieran destruirlas. La grandeza servía así a un propósito preciso, a saber, la transmisión de una advertencia a lo largo de los milenios para todos los seres humanos, proporcionando una ayuda concreta a todas las generaciones venideras.

4.6 El simbolismo en los mitos egipcios

Aunque no todas las historias transmitidas desde el antiguo Egipto tenían una moraleja real, casi todas ellas están llenas de simbolismo, o del uso de símbolos y alegorías para transmitir un mensaje más complejo que la simple historia lineal. De este modo, la realidad de la vida cotidiana se entrelazaba con la fábula y el mito. Partiendo de creencias populares contadas sólo en términos narrativos, desarrollaron una verdad y unos usos y costumbres propios que se ponían en práctica en la vida cotidiana. Es el caso, por ejemplo, de la momificación, que, como veremos más adelante, nació del mito de Isis y Osiris. Este relato dio la explicación lógica al miedo popular no sólo a la muerte, sino también a la descomposición corporal que le sigue. La momificación, por tanto, es hija de un símbolo muy poderoso de amor y cuidado hacia la persona, basado en la creencia de que el difunto debía llegar al más allá con su forma terrenal intacta.

Además, de un mito nació la conexión directa entre los faraones y el dios Horus, hijo de Isis y Osiris. A continuación encontrarás el mito completo con sus historias. Además, debes saber que, tras su coronación, se convirtió en el padre de todos los sucesores al trono de Egipto. Por esta razón, su tótem animal, el halcón, siempre representó el poder. Para aumentar el poder, el animal se entrelazaba con la figura del faraón reinante en una lucha continua contra el mal, representado por el tótem animal de Seth (una especie de perro u oso hormiguero, o un cerdo terrestre de hocico alargado). El continuo contraste entre el bien y el mal, entre el orden y el desorden, también tenía un término medio, personificado y tan importante como los dos . Era la diosa Maat, cuyo símbolo era la pluma de avestruz colocada sobre su cabeza. Por ello, una de las figuras que acompañaban a los faraones difuntos en las pirámides y tumbas monumentales era la , como garante de su derecho a administrar justicia y la ley vigente entre los seres humanos.

4.8 Osiris e Isis: los padres de la Edad de Oro

Los egipcios tenían su propia versión de la transición de la Edad Salvaje a la Edad de Oro. Esta leyenda cuenta la historia de dos de las deidades más importantes del *panteón* egipcio: Isis y Osiris. No es de extrañar que esta historia sea la más conocida de la mitología egipcia, no sólo por su encanto, sino también por la enorme importancia que los propios egipcios le atribuían. Era tan importante que sacerdotes, escribas y artistas la relataban en casi todos los templos construidos, para que fuera conocida por el mayor número posible de personas.

Isis y Osiris eran dos de los cuatro hermanos, junto con Neti (diosa protectora de las momias) y Seth (dios del desierto, las tormentas, el caos, los extranjeros y la violencia). Fueron creados por Nut, diosa del cielo, que se había unido al dios de la tierra Geb. Tras su creación, Isis y Osiris se enamoraron -a pesar de ser hermanos, lo que no era considerado escandaloso por los antiguos egipcios- y decidieron unirse en el amor para convertirse en faraones y así dar la civilización a los seres humanos y reinar en paz. Un reino así combinaba los atributos de los dos dioses: el primero representaba el amor y el sentido maternal, mientras que el otro representaba la agricultura y la religión. La combinación de amor e impulso civilizador condujo rápidamente a la creación de una nueva Edad de Oro, próspera y fructífera como ninguna conocida hasta entonces ni por venir.

Los dos dioses se mostraron inmediatamente extremadamente benévolos con los seres humanos. Osiris, por su parte, enseñó a la humanidad el arte de fabricar metales de tal forma que cualquier animal feroz pudiera ser fácilmente erradicado. Además, invitó a las jóvenes criaturas a crear una verdadera civilización basada en la fraternidad y la paz. Esto permitió que los seres humanos -entonces todavía poco más que locos salvajes- se convirtieran en personas civilizadas, capaces de seguir reglas comunes, asentándose en un lugar, abandonando para siempre la vida nómada. Para darles placer, les proporcionó los conocimientos necesarios para cultivar plantas formidables que acompañarían siempre a los humanos: la vida y la cebada, de las extraer vino y cerveza, respectivamente. Por otra parte, su hermana-esposa Isis también contribuyó al crecimiento de una nueva civilización vigorosa y próspera. Sabedora de que los seres humanos eran frágiles y estaban sujetos a constantes dolencias físicas, comenzó a curarlos uno a uno, utilizando ritos mágicos habituales en la medicina egipcia. Al expulsar a los demonios que poseían a los que sufrían, consiguió darles un gran alivio. También dio vida a la familia nuclear organizada que se apoya y las carencias de sus miembros. Deseosa de dotar a los humanos de formas artísticas y matriciales, enseñó a los hombres el arte de hornear y a las mujeres el de tejer, fundando lo que aún conocemos como sociedad.

Viendo el éxito de la Edad de Oro en el antiguo Egipto, Osiris decidió continuar el experimento en otras zonas de la Tierra y la única forma de hacerlo sería partir en un largo viaje, vagando por todas partes, difundiendo la civilización humana. Así, el poder absoluto fue asumido por su esposa Isis, que en ausencia de su marido supo administrarlo todo sabiamente. Un día, sin embargo, llegó el hermano y malvado de Osiris, Seth, decidido a robarle el , movido por una fuerte avaricia. A pesar de los ataques del dios de la violencia, Isis supo resistir todos los golpes y mantuvo firme su poder. Pudo esperar ansiosa el regreso de su amado, que un día se presentó, acompañado por Anubis, dios del reino de los muertos, y Thot, dios de la luna y de la sabiduría. Al encontrar no sólo a su esposa, sino también a su lejano hermano, se alegró y no sospechó el verdadero motivo de la presencia de Seth: derrocar su reino.

Seth decidió organizar una gran fiesta llena de comida y bebida de todo tipo, además de toda la pompa imaginable, para celebrar el regreso de Osiris y sus compañeros. Como entretenimiento, se presentó un enorme cofre lleno de piedras preciosas y muchas tallas preciosas. Seth, tomando la palabra, anunció que quien pudiera llenar completamente aquel enorme recipiente con su propio cuerpo podría llevárselo. En un ambiente lúdico, muchos intentaron la hazaña, pero no lo consiguieron: el cofre había sido especialmente forjado con unas dimensiones inmensas, de tal forma que sólo el enorme Osiris podía completar el reto. Cuando llegó el momento de que Osiris lo intentara, tal y como esperaba el malvado hermano, consiguió encajar perfectamente y por ello, actuando con rapidez, Seth consiguió encerrarlo con la ayuda de algunos de sus cómplices que se habían infiltrado en la fiesta. Siempre muy rápido, consiguió sellar la tapa con metal fundido y luego la arrojó al Nilo. El éxito de este plan fue tan impactante que todos los dioses presentes adoptaron su forma animal para escapar lo más rápidamente posible, temiendo ser ellos los siguientes. Isis, que acababa de perder a su amado, comenzó a desesperarse cogiendo sus ropas y con todo el calor que pudo desatar. Al verla en ese estado, Thoth decidió regresar y ayudarla a escapar muy lejos.

Sus caminos, por tanto, se separaron y así fue como Isis comenzó su solitario viaje, vagando por las resecas tierras del antiguo Egipto. La única compañía que tenía la diosa estaba representada por siete grandes escorpiones, liderados por el enorme Tefen, que debían proteger y ayudar a sostener a la pobre diosa desgarrada por el dolor. Cansada por el viaje y desfigurada por el inmenso esfuerzo, Isis estaba casi irreconocible y, aunque llevaba mucho buscando refugio, no lograba encontrar un hogar. Un día, cuando Isis llamó a la puerta de la casa de Urset, éste quedó aterrorizado no sólo por los temibles escorpiones, sino también por la propia Isis, que ahora aparecía en condiciones más lamentables que un mendigo. La falta de respeto hacia el forastero que pedía hospitalidad se consideraba una ofensa moral muy grave en el antiguo Egipto, por lo que los escorpiones leales a la diosa idearon un plan para vengarse. Uno a uno, se acercaron a Tefen, pues comprendieron que unir fuerzas para un único ataque mortal sería la mejor estrategia. Cada uno de ellos hizo fluir su veneno hasta el aguijón de su líder, que se coló entonces en la casa de el aldeano irreverente. Una vez dentro, vio a un niño pequeño deambulando por la casa y, en cuanto lo vio, su ira le hizo matar al niño para vengarse en nombre de la gran Isis. La ira de Tefen y la fuerza del veneno fueron tales que todo el edificio ardió en llamas.

Una vez vengado el terrible agravio, los escorpiones invitaron a la diosa a continuar la marcha, a pesar de lo probados que estaban ahora su cuerpo y su alma. El grupo no tardó en cruzarse con una humilde campesina, de buen corazón y nada acostumbrada a los juicios. La mujer, llamada Taha, decidió ayudar a Isis, a la que veía simplemente una mujer afligida por un inmenso dolor. Mientras tanto, Urset se debatía entre las llamas, presa del pánico ante la posibilidad de perder de un plumazo su querido hogar y a su amado hijo. Como acababa de ser ayudada, Isis, decidió tomar ejemplo del magnánimo Taha y puso fin a los sufrimientos de Urset: con dos órdenes sencillas pero asertivas, detuvo el efecto del veneno, salvando al niño, e hizo aparecer una nube preñada que derramó sus gotas de lluvia sobre el fuego, que se extinguió rápidamente. Así fue como Urset se postró ante la gran Isis, suplicando perdón y obteniéndolo finalmente.

A pesar de este breve contratiempo que sin duda había sacudido, pero no derrotado a Isis, ésta continuó su viaje en busca del cofre que contenía a su amado. El viaje parecía interminable y, a lo largo de varias etapas a lo largo del Nilo, le llegaban las voces más dispares: los que decían haber avistado el cofre poco antes, los que decían haber oído el ruido y que, finalmente, señalaban el brazo del río por el que había pasado. Este tipo de cambios no eran accidentales, dependían de la voluntad de Set, que había enviado innumerables espíritus malignos a maldecir el camino de la diosa para entorpecerlo hasta el final. Tras enterarse de que la caja había llegado a mar abierto, llegó a la ciudad de Biblos, donde por fin consiguió encontrarlo. Estaba atrapado entre unos arbustos que, con el paso del tiempo, se habían convertido en una gran y maravillosa acacia que abrazaba a Osiris. Una planta tan hermosa no podía pasar desapercibida durante mucho tiempo. Destacaba sobre las demás no sólo por su brillo, sino también por el tamaño y la robustez que la caracterizaban. Así fue como el propio rey dio orden de cortar aquel árbol y convertirlo en una robusta columna, para exponerla en su palacio. Isis, incapaz de desprenderse de lo que aún representaba a su hermano-esposo, comenzó a transformarse cada noche en una grácil golondrina, para poder ir a la corte y volar alrededor de la columna toda la noche.

Tras un largo periodo con la misma rutina, recluida de día y golondrina de noche, Isis se encontró pensando que había llegado el momento de dar marcha atrás y empezar a actuar. Todos los días se presentaba en la corte del rey, donde las siervas llevaban agua para las mansiones reales. Presentándose con toda la afabilidad que era capaz, se abrió paso entre sus jerarcas, también gracias a la ayuda de varios dones: los deliciosos perfumes, sus cuentos y su paciencia para peinar a las jóvenes. Esto la llevó a ser conocida incluso por la reina, que quiso . Continuó para pasar desapercibida hasta que llegara el momento de poner en práctica la parte final de su plan. Una noche, la reina oyó llorar a su hijo y, corriendo hacia su cuna, se encontró con una escena horrible: llamas penetrantes y siete enormes escorpiones. Presa del pánico, comenzó a gritar e hizo venir a varios guardias y al rey, pero se encontraron impotentes ante la tragedia. Entonces, Isis salió de la oscuridad en la que esperaba y se reveló, deteniéndolo todo y demostrando su enorme poder. Ante aquella escena, los dos miembros de la realeza se dieron cuenta de a quién se enfrentaban y, tras disculparse por tratarla como a una simple mortal, le aseguraron que le ofrecerían lo que pudieran darle. Obviamente, ella optó por tomar la columna que contenía a Osiris y quedó satisfecha. En el viaje, también la acompañaron dos de los hijos del rey como guardias.

4.9 Isis y Osiris: un encuentro agridulce

A mitad del , la diosa dio la orden de detener la caravana porque deseaba absolutamente volver a ver a su amado. Sin embargo, una vez que abrió la caja, empezó a desesperarse, llorando lágrimas amargas sobre el rostro ahora esquelético y descompuesto. El momento estaba tan lleno de tristeza que los dos guardias no pudieron soportarlo. El primero, al oír los aterradores gritos de Isis, se asustó y nunca volvió en sí, mientras que el segundo fue literalmente electrocutado por la mirada de la diosa porque vio demasiado de lo que debía de ser un momento extremadamente íntimo. Como ya no tenía a esos molestos humanos en la caravana, Isis empezó a buscar todas las formas posibles de traer a Osiris de vuelta del reino de los muertos. Apartándose de su plan, se transformó en halcón, pero en lugar de poder devolverle el "aliento de vida", quedó milagrosamente embarazada.

Sin saber qué hacer, Isis decidió llevarse la acacia con su amado dentro lo más lejos posible, a un rincón remoto del mundo para esconderla y garantizarle un entierro digno. Seth, sin embargo, aún no se había desprendido de los dos hermanos y pronto se enteró de este plan. Así, encontró el cuerpo y, enfadado por no volver a verlo, lo desmembró e hizo catorce trozos diferentes que luego esparció al azar por la superficie del desierto. Isis, que no podía soportar semejante destino para su amado, emprendió de nuevo un tremendo y agotador viaje en busca de cada parte de Osiris, con el único propósito de volver a ensamblarlo y darle de una por todas el sueño eterno que merecía. En cada lugar donde se encontraba una pieza, se construían inmensos y magníficos templos, que más tarde atraerían a miles de peregrinos e inducirían a muchos fieles a la oración ritual. Tenaz e imparable, la diosa consiguió recomponer todo el cuerpo de su amado y convocar a las demás deidades amigas: Nephtis, Thoth y Anubis. Gracias a lo que habían aprendido de Osiris, al rendirle el último , consiguieron , convirtiéndolo en la primera momia de la historia del antiguo Egipto. A continuación se erigió una tumba, con un ritual sagrado inscrito en las paredes y una estatua que reproducía a la perfección el aspecto del difunto. Siguiendo estos procedimientos, el grupo de dioses consiguió devolver la vida a Osiris.

4.10 La Huida de Isis y el Epílogo: Horus, un nuevo dios

Una vez completado el ritual, Isis decidió refugiarse para escapar de la ira de Seth. Además, no hay que olvidar que en ese momento no sólo tenía que protegerse a sí misma, sino también al bebé que llevaba en su vientre. Por suerte para ella, esta vez el malvado hermano no la encontró, y consiguió dar a luz al pequeño Horus, que fue criado como un dios en todos los sentidos. Incluso su aspecto decía mucho de lo que estaba destinado a hacer: su ojo derecho era el sol, mientras que el izquierdo era la luna. Isis lo crió, hablándole largo y tendido de su padre, que después de mucho tiempo -y sólo una vez para no llamar la atención de Seth- regresó a la tierra con el propósito expreso de entrenarlo como guerrero. Horus pronto se volvió valiente y hábil, pero la combinación del amor que sentía por su padre y su destreza con las armas eran la receta perfecta para una explosión en toda regla.

Pronto, Horus decidió ir en busca de aquel que había depuesto y matado a su padre, el denostado tío Seth. Llevó consigo un gran contingente de hombres, fieles al gran Osiris, pero en cuanto llegaron a su destino se encontraron con un ejército igual de fuerte: no sólo Seth, sino también un puñado de dioses y muchos demonios estaban dispuestos a defender la soberanía largamente codiciada. La batalla no se esperar, e inmediatamente se desató de tal manera

como para trastornar todo el sistema, tanto humano como divino. En el caos, Seth se convirtió en un cerdo negro y devoró el ojo izquierdo de Horus, que ya no podía hacer que la luna se reflejara en el mundo. En otras palabras, toda la humanidad había caído en la desesperación y ya no podía vivir sanamente con noches regulares. Al darse cuenta de la insoportable situación que se estaba creando y de que se trataba de un enfrentamiento entre miembros de una misma familia, Isis rogó a Horus que se detuviera. El hijo, sin embargo, experimentó una oleada de rebeldía y adrenalina extrema, ya que estaba claro que iba a derrotar a su rival de una vez por . Así fue como, furioso, la cabeza a su madre por haberse atrevido a sugerir la paz.

Como la situación parecía haberse descontrolado por completo, Thoth, tomó las riendas y comenzó a poner orden en una guerra que parecía destinada a no acabar nunca. Para empezar, curó a Isis imponiendo sus manos sobre ella, dándole una cabeza de vaca, por lo que más tarde se la conoció como la "diosa vaca". Posteriormente, Thoth decide proponer a un consejo de dioses que decidan qué acuerdo podría encontrarse entre ambas partes para la paz. De un modo tan humano que resulta difícil de creer, una comisión parecida a un tribunal comenzó a discutir la validez de los argumentos de las dos partes, y luego dio su veredicto final. Para complacer a ambas partes, Seth recibió el reino del Alto Egipto, mientras que Horus, el nuevo dios y legítimo heredero de Osiris, asumió el poder en el reino del Bajo Egipto.

4.11 La chica de las zapatillas rosa rojas

La historia de la niña de las zapatillas rojas y rosas se remonta al último periodo del reino egipcio, por tanto a los albores del nuevo dominio persa, cuando Amasis era faraón. Amasis, muy sabio y empeñado en defender sus territorios del avance del temible Ciro, trató de dar asilo al mayor número posible de griegos haciéndoles permanecer en zonas adyacentes al reino. Con ello esperaba crear zonas tapón y poder aprovecharse de los conocimientos griegos, que ya entonces se contaban entre los más valorados del mundo. Su empeño fue tan grande que erigió una ciudad entera (no lejos del Nilo) con este : la llamó Naucratis y la financió tan bien que pronto se convirtió en un exuberante centro comercial. Allí vivía un mercader experto en negocios con los egipcios. Se llamaba Charaxos, era originario de Lesbos y hermano de la famosa poetisa Safo.

Consciente de su riqueza y que todo el mundo le conocía en la ciudad, un día se paseó por el mercado sin objetivos precisos. Como siempre, el aire era caluroso y caótico, pero denso con la energía que sólo los negocios podían crear. De repente, por casualidad, se dio cuenta de que había mucha más gente de lo habitual alrededor del bloque de piedra en el que se exhibían y luego vendían los esclavos. El monolito, que servía de escenario, estaba rodeado de un número desproporcionado de personas, asombrosamente silenciosas para semejante gran multitud. Charaxos decidió acercarse para ver qué ocurría. Mientras esperaba un trato, se sorprendió al encontrarse con otra cosa. Frente a él, en el escenario, había una chica muy clara, griega, muy joven, con las mejillas pintadas de rojo. Su corazón se paró un momento al verla, y supo inmediatamente que estaría dispuesto a hacer cualquier cosa por . Cuando empezó la subasta, subió todas las pujas, llegando pronto a ganar a bajo precio, ya que se contaba entre las personas más ricas de la ciudad.

Una vez concluida la negociación y el pago, Charaxos llevó a la joven desconocida a su casa, donde le dio de comer y beber, y luego le contó su historia. Ella, llamada Rodopis, era originaria del norte de Grecia, pero desde muy pequeña había sido víctima de la trata de esclavos. Los piratas la habían secuestrado cuando aún era una niña, y luego la vendieron a un rico señor de Samos que la había utilizado como cortesana   hasta   que   ese momento.   La   recuerdos   recuerdos de la niña   eran melancólicos, pero también se alegraban con algunas anécdotas, como la de su esclavo-espía, muy amable y simpático, gran conocedor y contador de cuentos de animales, pájaros y seres humanos en general. Aunque se había establecido bien en Samos, una vez mayor, su amo pensó que podría venderse por un buen dinero y así fue transportada a la ciudad de Naucratis para ser vendida al mejor postor. La historia de Rodopis conmovió profundamente al mercader, que (mucho mayor que ella) empezó a verla como una verdadera hija. Por ello, decidió regalarle todo lo que podía ofrecerle, empezando por joyas y ropas preciosas de fina factura y valor inestimable. Él

También le regaló unas hermosas zapatillas de color rosa rojizo, que había visto una vez al pasar por la ciudad y de las que se había enamorado. Pero Charaxos no se contentó con eso, sino que fue más allá y le regaló una hermosa casa con un pequeño patio interior. Por ironías del destino, la muchacha, que antes había sido sirvienta en la corte de un hombre de alto rango, se vio ahora rodeada de sirvientes de todo tipo que se ocupaban de su casa, de su cuidado personal y le preparaban todas las comidas. Se había convertido en una auténtica mujer de la alta sociedad, según la concepción típica de los antiguos reinos. Como mujer, nunca tendría que trabajar ni esforzarse, porque la propia función de los sirvientes con los que estaba dotada era satisfacer todas sus necesidades.

En un caluroso día de verano, Rodopis tomaba un refrescante baño en una bañera en medio del patio interior. Rodeada, como siempre, de lujo, algunos de sus sirvientes le guardaban la ropa y las zapatillas, mientras otros la peinaban y la rociaban con aceites perfumados. Ella yacía tranquila y aliviada, dado el sofocante calor del verano, apoyando la espalda en el fresco borde de mármol de la bañera que le había regalado su benefactor. Todo transcurría como una tarde bastante bochornosa y de aire pesado, cuando una enorme águila comenzó a volar en círculos sobre el patio. Todas las siervas (así como su ama) pensaron que quería atacar al grupo, conociendo los movimientos de aquellos temibles animales. Como era de esperar, el águila comenzó a planear en picado, sembrando el pánico entre las mujeres, que poco podían hacer. El animal viró de repente, dejando a todos atónitos y agarró con sus garras una de las dos zapatillas rojas y rosadas. Satisfecha con su botín, se lanzó de nuevo al aire, desplegando sus enormes alas y volando hacia el sur del valle del Nilo. Mientras las doncellas empezaban a rezar a Horus, dios para el que el águila era el animal sagrado, Rodopis comenzó a llorar a , sabiendo que la zapatilla, un regalo sincero y cariñoso del hombre que la había salvado, se había perdido para siempre.

El águila, mientras tanto, siguió volando, casi invertida en su misión divina. Su viaje continuó hasta que encontró el palacio de Menfis, donde se alojaba en aquellos días el faraón Amasis. Aquel día, la ocupación que mantenía ocupado al soberano de Egipto era impartir justicia. Sentado en el centro de su inmensa corte, recibía a todos los súbditos que habían solicitado presentar sus quejas al poder. Entonces, escuchaba pacientemente y esperaba a que terminaran de exponer el problema, para luego dar una respuesta definitiva y legislar sobre situaciones generales, así como sobre otras específicas. Dado el calor que hacía aquel día, las audiencias se celebraron al aire libre y así fue como el águila de Horus consiguió alcanzar a Amasis, dejando caer la zapatilla. Al ver esto, todos los presentes comenzaron a gritar de asombro. El faraón recogió suavemente la zapatilla roja y rosa de su regazo. Siendo un hombre muy fino y acostumbrado a la belleza, reconoció inmediatamente su fina factura. Se puso a pensar a quién podría pertenecer aquel hermoso regalo del cielo. Combinando el intelecto con la creatividad, empezó a pensar que debía pertenecer a una de las chicas más guapas del reino. Ya que era hora de impartir justicia (y por tanto leyes), emitió un decreto real inmediato: "Quiero que todos mis mensajeros partan inmediatamente en busca del dueño de esta hermosa zapatilla. No reparen en gastos y, si es necesario, lleguen hasta los rincones más remotos de mi reino. No dejaré que este hermoso regalo del dios Horus quede sin respuesta, ni sin seguimiento". Inmediatamente comenzaron los fervorosos preparativos, pero la orden no terminó ahí. "¡Cuando encontréis a la afortunada mujer de buen gusto y agraciados pies, comunicad mi disposición a pedir su mano!".

Todos los hombres a disposición del faraón marcharon al grito ritual de "¡Vida, salud y fuerza sean para siempre al faraón! Él ha hablado y todas sus órdenes serán ". Tal como se les había , visitaron todas las ciudades posibles, hasta llegar a Naucratis. Cumpliendo el encargo, se encontraron con la historia del rico mercader Charaxos, de la hermosa muchacha griega que había comprado y de la lujosa forma en que, según decían, la mantenía. Muchos, al contar la historia del pueblo, se aventuraron a decir que manos divinas la habían llevado hasta aquel magnánimo magnate anciano. Así fue como llegaron a la casa donde vivía Rodopis, que descansaba en el jardín detrás de la caca. Una vez que los mensajeros del faraón se presentaron con la zapatilla, ella demostró ser la propietaria llevándola perfectamente puesta. Objetando con razón a los funcionarios que podía tratarse de una mera coincidencia, Rodopis susurró a una sirvienta y le dio una orden firme. La sirvienta se marchó y regresó con la otra zapatilla de color rojo rosado. Entonces le contó la extraña aventura del águila. Estando ya seguros de que era la muchacha que , anunciaron el felices noticias, explicando también que el faraón creía que el águila mensajera había sido enviada directamente por el propio dios Horus. La joven Rodopis no podía entender que el propio faraón Amasis les hubiera enviado a buscarla y quisiera casarse con ella. Sin embargo, a pesar de la sorpresa, sabía que no podía echarse atrás y que ése sería su destino. Además, una orden real, respaldada por la intervención divina, no debía desobedecerse. Así que decidió aceptar y contárselo todo en persona a su amado Charxos. Éste tuvo sentimientos contradictorios y agridulces porque, por un lado, se alegraba por la joven Rodopis, pero, por otro, le tener que dejarla para siempre. A pesar de ello, dio su bendición y vio partir a Rodopis. Una vez que llegó a su destino, la joven asombró al faraón Amasis con su belleza. El gran gobernante de Egipto comprendió de inmediato que el lugar de la muchacha no sería la Casa Real de las Mujeres, donde había pensado alojarla con otras esposas y concubinas. Sin pensárselo dos vecesse casó con ella y le dio el título de Reina del Reino de , vivir con ella y amarla el resto de su vida.

4.13 Entre el pasado y el presente: la maldición de los faraones

El mito que vamos a contarles abarca múltiples épocas y une el pasado, el presente y quizá incluso el futuro en un aura de misticismo casi imposible de encontrar en otros lugares. Los protagonistas de esta historia no son sólo seres asombrosos, dioses y emperadores de la antigüedad, sino también encontraremos hombres corrientes de la era moderna, ocupados en hacer su trabajo, concretamente, arqueólogos.

En la época del antiguo Egipto, se hacía un amplio uso de lo que hoy denominamos magia negra. En aquella época, sin embargo, significaba simplemente el uso de fórmulas rituales llenas de significado, diseñadas específicamente para golpear a cualquier enemigo real o posible. Estos ritos - en el límite de lo religioso y lo divino- permitían a quienes los practicaban , preservar su conciencia en detrimento de cualquier malhechor. Pero, al mismo tiempo, también podían garantizar la venganza, infligida directamente por la voluntad divina si se había seguido servilmente el procedimiento correcto. En concreto, la historia de los emperadores malditos cuenta que en el interior de las pirámides del magnífico Tutankamón había tablillas de anatema sobre los enemigos. Los antiguos egipcios solían utilizar copas o tablillas de barro, en las que se indicaba el nombre de la persona a la que había que golpear. Siguiendo la sed de conocimientos y pistas sobre este tipo de negro egipcio

magia, una expedición de investigación occidental dirigida por el famoso Howard

Carter consiguió encontrar varias en el interior de la pirámide de Tutankamón. Uno de sus jóvenes ayudantes encontró una, a la que inicialmente no dio mucha importancia, ya que en aquel momento no estaba preparado para descifrar su significado.

Sin embargo, cuando estos hallazgos se limpiaron según los procedimientos de la arqueología, mostraron escrituras jeroglíficas muy claras y elocuentes:

"Que la muerte atrape con sus alas.

El que interrumpa el sueño del Faraón".

Inmersos en un entorno oscuro y mágico como el del antiguo Egipto, a los apasionados arqueólogos que participaron en la misión de Carter les pilló desprevenidos. De hecho, no esperaban hacer un descubrimiento de tan alto valor científico, ni habrían pensado jamás que una tablilla les traería un mensaje inequívocamente dirigido. La noticia del antiguo mensaje pronto se extendió entre todos los implicados, desde los expertos en limpieza y conservación a los obreros, pasando por los que transportaban los objetos y hallazgos, sin contar obviamente a los propios arqueólogos. Las llamadas "Ha-kau" (es decir, las palabras mágicas utilizadas en los anatemas) tenían, en opinión de Carter, un valor tan aterrador y poderoso que hubiera sido mejor tratar de evitar que la noticia del descubrimiento saliera de su círculo íntimo. A pesar de ello, no todos los que trabajaron en la expedición eran refinados conocedores de la cultura egipcia. Al menos, algunos de ellos demostraron no tener el mismo tipo de sensibilidad intelectual que Carter. Así fue que un día, la noticia de la tablilla escapó de aquel estrecho círculo, llegando a oídos de quienes debían ser los últimos en enterarse: profanadores de tumbas, estafadores y mercaderes de artefactos ilegales no pasaron por alto la mina de oro que acababa de descubrirse.

Durante mucho tiempo, todo tipo de personajes turbios formularon historias tan enrevesadas como falsas sobre una maldición fantasmal que afectaría a todos aquellos que acudieran a la pirámide funeraria de Tutankamón. Estos delincuentes, que se hacían pasar por auténticos admiradores del mundo egipcio, encontraron en el interior de la sala principal de la tumba (o la hut-ka) una serie de jeroglíficos con un significado más que siniestro:

"Rechazo a los ladrones de tumbas. Y protejo esta tumba".

Así fue como, entre historias reales, trabajo duro y mucha superstición infundada, se creó todo un sistema de creencias moderno en torno a la realidad de Tutankamón. Gracias a los vuelos de la fantasía, los narradores modernos empezaron a difundir historias más asombrosas que no sólo concernían a los antiguos egipcios y su cultura, sino también y sobre todo a los modernos que se acercaron a la tumba maldita. En concreto, se empezó a decir que casi dos tercios de la expedición que había acompañado a Carter habían muerto de forma repentina e inesperada. Se crea o no en la magia negra, sin embargo, cada una de esas trágicas muertes tenía una explicación completamente racional, aunque decididamente mucho menos fascinante. Además, muchos de los ayudantes de Carter murieron décadas después del descubrimiento de la tablilla calumniosa, lo que demuestra que no había absolutamente ninguna conexión entre Tutankamón y sus muertes. Sin embargo, a pesar de la existencia de argumentos en contra, esta leyenda a caballo entre el antiguo Egipto y la modernidad siguió atrayendo la atención y la curiosidad de cientos -si no miles- de personas en todo el mundo.

A pesar de lo infundado de esta explotación extrema por parte de los especuladores, nada resta veracidad a dos elementos fundamentales: el descubrimiento de la tablilla calumniosa por el ayudante de Carter y la posibilidad de que existiera esa antigua y aterradora inscripción contra los profanadores. ¿Cómo se explica este velo de realidad dentro de una historia ampliamente contada y distorsionada? Desde los albores de la civilización, la relación entre la religión y los pueblos ha sido muy compleja y ha dado lugar a creencias diferentes según la clase social a la que se perteneciera. Simplemente, a medida que aumentaba la elevación de clase, también lo hacía el acceso al conocimiento, por lo que un primer grado de secularización (entendida como desprendimiento de la fe) también se produjo entre los poderosos del antiguo Egipto. Este tipo de sabiduría no se tradujo entonces en ateísmo o escepticismo sobre la existencia del sistema divino, sino en la utilización de una parte de la religión para instruir y -en el peor de los casos- manipular a las clases sociales más bajas. En este caso concreto, el buen propósito de evitar profanaciones, robos y faltas de respeto por parte de codiciosos y curiosos llevó a los sacerdotes egipcios a optar por utilizar la fe para amedrentar a posibles malhechores. La inscripción "Rechazo a los ladrones de tumbas", por tanto, debía servir para mantener intacto al faraón por toda la eternidad, con la ayuda del temor divino al castigo. El uso de estos métodos intimidatorios, de hecho, era ya que la ley o el uso de trampas y subterfugios nunca bastaba para ahuyentar a los profanadores de tumbas más agresivos, sobre todo cuando se trataba de gente desesperada que sólo podía salir ganando de semejante experiencia. Podría decirse que toda la serie de mecanismos físicos para eliminar a quienes entraban ilícitamente en aquellos lugares de culto sólo tenía, por tanto, un valor temporal. Los sacerdotes supremos lo sabían, así que optaron por confiar en lo sobrenatural para lograr sus objetivos.

Sin embargo, en defensa de quienes han creído durante mucho tiempo en la llamada Maldición de los Faraones, existe una base que contribuyó a originarla, echando gasolina al fuego durante mucho . Por ejemplo, muchos profanadores entraron en las tumbas fuertes en su escepticismo y audacia, sólo para volver aterrorizados y claramente sacudidos. A menudo respondían que habían visto monstruos increíbles en el interior de las pirámides, logrando salvarse sólo de milagro. Otros hablaban de vegetales increíbles, colores brillantes y paredes de goma. Muchos otros nunca regresaron, quedando atrapados para siempre y perdiendo la vida en el interior de aquellos misteriosos templos de veneración faraónica. Los entrenadores en torno a las maldiciones, por lo tanto, continuaron siendo seguidos, incluso mucho tiempo después de la construcción de los templos sagrados, a través de una serie de acontecimientos siniestros con una explicación racional muy difícil. Con el tiempo y los estudios de los más grandes histólogos de la historia, se descubrió que los sacerdotes reales, obviamente de la más alta jerarquía, poseían conocimientos científicos muy avanzados. La explicación de cada una de las muertes y alucinaciones comunicadas a fecha se ocultaba tras ellas. Gracias a la experimentación y a los métodos de investigación, muy avanzados para la época, habían descubierto lo poderosos que eran los metales pesados y empezaron a utilizar el uranio que se encontraba en el interior de las reservas de oro para envenenar a cualquiera que entrara en las pirámides durante demasiado tiempo. Además, también hacían un amplio uso de hierbas medicinales (como el opio y la cicuta) o incluso veneno letal (como el arsénico) sobre los desafortunados de tal forma que provocaban reacciones físicas inexplicables y despertaban más

y más terror en los malintencionados.

La leyenda de la Maldición de los Faraones, por tanto, es una mezcla entre un mito real y un hecho real, que aún hoy nos enseña una gran lección de escepticismo y de adhesión a las explicaciones científicas. Este tipo de sucesos, además de alertar contra los especuladores, nos enseña también a apreciar a las personas astutas y muy profundas del antiguo Egipto. Decididamente avanzados para la época en que vivían, mediante las *artimañas* del alto clero, demostraron la capacidad de comprender no sólo dinámicas químico-físicas muy complejas, sino también y sobre todo la psicología humana y las motivaciones que pueden empujar a un ser humano a entrar en un lugar sagrado y misterioso. Aunque en los últimos tiempos se ha demostrado la maldición de los faraones era claramente errónea, es probable que el aura de misterio creada en torno a las tumbas egipcias nunca pueda eliminarse por completo. Obviamente, este tipo de misticismo, si se mantiene dentro de unos límites racionalmente aceptables, forma parte de lo que sigue entusiasmando a personas de todo el mundo hacia esta población fantástica y extremadamente creativa. Como se explicará con más detalle en el próximo capítulo, la popularidad resultante ha dado lugar a numerosos estudios (así como a cuantiosas donaciones y a la posibilidad de explorar aún más profundamente los misterios del antiguo Egipto), por lo que quizá la posteridad no esté del todo condenada.

La profunda enseñanza que se desprende de esta leyenda es, además, una de las moralejas más antiguas y compartidas en los cuatro puntos cardinales: *est modus in rebus*, o hay un término medio en las cosas, hay un camino intermedio. El justo medio en este está representado por el aprendizaje de la inexactitud de la leyenda de los faraones, que ha fascinado a generaciones. Mientras tanto, sin embargo, también debemos tomarnos a pecho esos cuentos fantásticos, recordando que los profanadores de tumbas forman parte ellos mismos de la historia del antiguo Egipto. Al igual que no existe el bien sin el mal, las pirámides y toda la estructura cultural que giraba en torno a ellas nunca habrían existido sin esos mismos malhechores que fácilmente podrían haber sido su ruina. Uno de los mayores retos de el mundo egipcio es su gran complejidad, así como la petición implícita que hace todo entusiasta de abandonar toda certeza para asimilar y aceptar incluso las mayores contradicciones que imaginarse con paz.

4.14 El príncipe egipcio y la maldición escaparon.

Uno de los relatos más "niche" y pintorescos del antiguo Egipto se conserva en el papiro Harris 500, que data aproximadamente del siglo XIII antes de Cristo. Es desconocido para la mayoría por su ordinariez y su estrecha relación con la tradición oral, pero sin duda merece ocupar un lugar en esta colección de relatos sobre el pueblo egipcio.

Se contaba una vez en el país del Nilo que un faraón y su esposa llevaban muchos años intentando en vano tener un hijo. Dados los muchos intentos fallidos, empezaron a rezar incansablemente por un heredero o al menos un vástago, haciendo magníficos sacrificios y acudiendo siempre que podían a todo tipo de deidades. Tras muchos esfuerzos, la pareja real quedó satisfecha, hasta el punto de que la mujer pronto dio a luz a un hijo sano y fuerte. Muy felices y ansiosos por lo que el futuro deparaba al joven heredero, el faraón y su esposa decidieron recurrir a Hathor en busca de una profecía exacta e irrefutable. Pero no eran portadores de buenas noticias. De hecho, cuando hablaron, arruinaron el entusiasmo. Su hijo estaba destinado a morir por el ataque de un animal, una serpiente, un perro o un cocodrilo. El príncipe predestinado y sin nombre tenía, por tanto una especie de recompensa divina sobre su cabeza, de que no habría escapado, pero sus padres quisieron absolutamente impedirlo. De hecho, el faraón decidió inmediatamente que enviaría al niño a vivir a un lugar muy seguro e inexpugnable: una fortaleza construido expresamente para él y toda una hueste de sirvientes en el centro del desierto. Así, en los años venideros, el principito crecería querido y mimado por todos los sirvientes. Además, tras mucho insistir, su padre le permitió tener un inofensivo perro como mascota, con la esperanza de que pudiera aliviar la dura soledad de la que sufría. Podría pensarse que, dada la predicción, esta elección era muy arriesgada. Sin embargo, el príncipe había asumido conscientemente un riesgo.

Devoto ahora del espíritu de valor fatalista y exasperado por la soledad, decidió un día partir hacia un viaje lleno de aventuras. Superando con creces sus expectativas, llegó a enfrentarse a un reto casi insuperable en medio de la competencia desenfrenada de otros numerosos pretendientes. Al final de una ardua escalada, tras superar varios obstáculos físicos, consiguió por fin llegar hasta la ventana de una princesa encerrada en una torre como castigo, o al menos limitación personal. Sus corazones se unieron de repente, no sólo por el inimaginable gesto de valentía, sino por mucho más y quedaron unidos para siempre en el amor, gracias a una conexión muy fuerte que ya no les dejaría vivir como dos individuos separados, sino como una sola alma. Gracias a este amor y a esta fuerza de voluntad, los dos consiguieron vivir una vida larga y completa, lejos de la pesadilla de la muerte y la soledad que parecía ya decidida para el príncipe. Las dificultades eran evidentemente innumerables, pues el joven no querría nunca más privarse de la alegría de descubrir, de lanzar su corazón sobre el obstáculo. Había saboreó la verdadera libertad, la posibilidad de hacerlo todo y tener todas las metas, y no estaba dispuesto en absoluto a mirar atrás. En cada uno de sus viajes, sin embargo, la predicción de Hathor que había recibido de bebé le perseguía, como una nube de infortunio, lista para golpear aunque fuera aparentemente inofensiva. Ciudad tras ciudad, aventura tras aventura, el fiel corcel del príncipe había recibido de los dioses el encargo de recordarle que pronto moriría a manos de uno de los tres temidos animales. El caballo, dócil y débil, que mantenía una fantástica relación con su amo, se enfurecía de vez en cuando y gruñía, tronando: "¡Yo soy tu destino!". Tras las primeras advertencias, por aterradoras que fueran, el príncipe aprendió a no hacerles caso y a como un reto más que la vida le había puesto por delante. Por si estos presagios no fueran suficientes, muchos años después del primer encuentro del príncipe y su amada, en su aventurera pero normal vida de pareja, intervino un desagradable imprevisto que a punto estuvo de hacer realidad el trágico destino del príncipe. Una serpiente había caído en la residencia real, y cuando se acercó amenazadoramente al joven, fue su princesa quien le salvó, lanzándose en una irrefrenable carrera, pues sabía lo que su amado arriesgaría de otro modo.

No sólo la relación de los dos amantes, sino toda su vida
- incluida la extraña resistencia del corcel amenazador- se basaba en la búsqueda continua de la esencia de la existencia, aprovechando al máximo todas las posibilidades y, sobre todo, cada uno de los momentos que pasaban juntos. El hecho de que el destino hubiera dejado caer una carga tan pesada

en el joven príncipe llevó a ambos a valorar cada acontecimiento, cada conquista cotidiana y, obviamente, también el tiempo dedicado a escapar del peligro. Pero, por si fuera poco, los dos fueron aún más lejos y se enfrentaron ellos mismos a los desafíos, incluso si éstos implicaban encontrarse con uno o varios de los tres animales fatales. A diferencia de cualquier predicción jamás hecha, el príncipe fue capaz de oponerse a las poderosas fuerzas divinas del destino predeterminado simplemente con su sincera determinación. En otras palabras, su filosofía de vida se había convertido - aunque quizá forzadamente- en la de perseguir siempre la oportunidad, aunque ésta se presentara inicialmente como un riesgo mortal para su vida. Al hacerlo, fue capaz de transformar el fracaso en posibilidad de crecimiento, las caídas en medios para hacerse más fuerte y las pequeñas derrotas en acicates para hacerlo cada vez mejor. Ninguna otra tierra que la del antiguo Egipto podría representar mejor la revuelta al revés contra lo que está escrito, lo que se impone a un simple ser humano. Simplemente comparando a este héroe humilde pero valiente con los héroes occidentales de la antigua Grecia, por ejemplo, uno se da cuenta de cómo la libertad individual en Egipto se estimaba como una de las cosas más importantes de todas, probablemente incluso más allá de lo que hubieran podido hacer las fuerzas superiores. La ausencia de un final cierto, de un desenlace inevitable al que llegar, llevaba a los antiguos egipcios a enfrentarse incluso a los oráculos más duros con la cabeza bien alta, enfrentándose a ellos de frente y continuando día tras día para vencer a una muerte inminente. Así pues, ésta es una de esas historias egipcias que sin duda lleva consigo un mensaje muy importante, tan atemporal que constituye una útil lección de vida incluso hoy, ¡más de dos mil años después!

4.15 La isla paradisíaca y el sabio náufrago

Se decía en el antiguo Egipto que un barco navegaba un día para encontrarse con un destino mucho más complejo de lo que cualquier miembro de su tripulación hubiera imaginado jamás. Se trataba, de hecho, de un simple barco comercial, aunque equipado con muchos mercaderes y navegantes muy experimentados. El protagonista de esta historia no temía en absoluto lo que pudiera ocurrir en el mar, a pesar de que en la antigüedad la navegación era una de las profesiones más peligrosas. El hecho de que toda la tripulación estuviera preparada le tranquilizaba enormemente y confiaba en que llegarían con éxito a las reservas de oro que pretendían para hacer feliz a su rey. Sin embargo, a pesar de todas estas buenas intenciones, el barco pronto acabó en medio de una aterradora tormenta, matando a casi todos los hombres a bordo. Sin embargo, se salvó uno que, con mucha suerte y un poco de buena voluntad, consiguió llegar a una isla remota. Privado de señales en el momento del desembarco, cuando por fin recobró el conocimiento, se dio cuenta de que estaba en un lugar decididamente fuera de lo común. Tras orientarse, encontró muchos dátiles y otros frutos suculentos. Había plantas exuberantes, una temperatura muy agradable y el agua potable fluía en plácidos pero vivaces riachuelos. El náufrago bebió y comió hasta saciarse, pero no olvidó sus obligaciones y pronto encendió un fuego para hacer las justas ofrendas a las divinidades.

En cuanto comenzó el ritual, una ola gigantesca tomó forma y con ella se acercó un ser magnífico y aterrador.

Una serpiente muy grande, de escamas doradas, como un dragón, con una gran barba y una mirada muy inteligente se acercaba al náufrago, que evidentemente empezaba a temer por su seguridad. Pero se acercó, abrió las fauces y pronunció unas palabras atronadoras: "¡Dime quién eres y qué te trae por aquí inmediatamente o te mato!". El náufrago no dudó en explicarle toda la historia y al monstruo le pareció muy convincente. Casi agradecido y seguramente compadecido, reanudó la conversación pero en un tono más tranquilo: "Los grandes dioses sabían de mi soledad y te enviaron para que me hicieras compañía. Han sido magnánimos y estaré encantado de acogeros en esta isla. Debes saber que...". Pero en este punto, el pobre hombre volvió a perder el conocimiento, incapaz de seguir escuchando. Cuando despertó, estaba en una cueva. La gran serpiente le había transportado hasta allí de tal forma que permitiera descansar adecuadamente. Al darse cuenta de que el invitado volvía a estar alerta, le explicó que sería un placer para él seguir contando con su compañía al menos durante algún tiempo. A pesar de ello, no quería retenerlo demasiado tiempo, pues sabía que su verdadera vida le esperaba en su tierra natal. Así fue que decidió darle una estancia de cuatro meses, al cabo de los cuales una tripulación formada por sus vendría a buscarlo para llevarlo a casa. La invitación era simplemente para disfrutar de ese pequeño rincón de paraíso en la tierra que no duraría para siempre. Entonces reanudó su relato: "Has de saber, pequeño náufrago, que hace tiempo no estaba tan solo porque vivía en este maravilloso lugar con mi numerosa familia. Piensa que entonces éramos 75 y entre ellos algunos eran mis hijos. Además, también vivía con nosotros una joven muy amable. Sin embargo, de repente, mientras me encontraba en tierras lejanas, una estrella brillante cayó del cielo y exterminó a todos y cada uno de mis parientes. A mi regreso, una enorme pila de cadáveres abarrotaba la isla y el espectáculo era insoportable. Todos mis queridos, todos los seres vivos que realmente me importaban en la Tierra, se habían ido para siempre, dejándome solo y desesperado. Estaba tan desesperado que quise unirme a ellos en la tierra de los , pasar la eternidad con ellos a costa de mi propia vida". Suspiró pensativo, pero su rostro delataba a un ser que ya había asumido su pasado. Luego continuó: "Dichoso tú que tendrás un futuro diferente, mejor, junto a tu familia y las personas que amas en tu tierra natal y en la morada que te has ".

El tiempo pasó rápido para el náufrago, que disfrutar de deliciosas frutas y descansar durante mucho . El náufrago perdió la noción del tiempo y ya no estaba seguro de lo que faltaba para su partida, cuando como un rayo vio en el horizonte un nirvana que se dirigía hacia la . A su llegada, descendió una tripulación, entre la que destacaban algunos rostros familiares. Era el momento de partir. Su corazón se llenó de un sentimiento muy extraño y contradictorio. Por un lado, se alegraba de volver a casa con su amada y sus hijitos, pero, por otro, temía volver a tomar la ruta marítima. Por si fuera poco, sabía que el rey estaría muy enfadado por la fallida misión a las minas de oro, por lo que temía perder su trabajo o incluso acabar en la cárcel. A pesar de , sabía que no podía quedarse más tiempo y decidió ser valiente y prepararse para partir. Así que habló con la gran serpiente de oro por última vez, rindiéndole homenaje y postrándose junto con todos los hombres que habían venido a llevárselo a casa. Te traeremos todos los bienes que tenemos, los aceites fragantes y los platos suculentos en grandes cantidades porque eres una divinidad magnánima", le dijo. Pero la serpiente lo rechazó, pues ya tenía todo lo que necesitaba y los bienes producidos en su isla eran de la mejor calidad. A pesar de , le respondió: "Sólo pido que hables bien a tu pueblo de esta isla y a su gobernante, para que mi nombre sea alabado en todas partes. De hecho, no será posible comerciar con nosotros ni regresar a esta isla que tan bien te hizo sentir. Al amanecer, será cubierta por las olas y se perderá para siempre, para nunca más ser encontrada por ningún ser humano". El náufrago, al igual que todos los presentes, se quedó estupefacto, pero aceptó gustoso aquella tarea.

Una vez de vuelta en su reino natal, el protagonista fue inmediatamente convocado a la corte para dar cuenta de lo sucedido. Él, por su parte, no pudo evitar ser sincero, esperando que el gran soberano lo comprendiera. Obviamente, no olvidó decir las mejores cosas de la serpiente dorada que le había acogido con tanta magnanimidad, cumpliendo su promesa. Además, aunque no hubiera traído a casa el oro esperado, rindió homenaje al monarca con muchos bienes que la serpiente de la isla le había regalado en señal de amistad. El soberano quedó muy impresionado no sólo por la asombrosa historia, sino también por los preciosos regalos que acababa de obtener. Así que decidió mostrarse compasivo e incluso por el valor que había tenido de presentarse de nuevo ante él y mostrarse sincero. Así fue como el afortunado náufrago obtuvo una acción de gracias pública, el papel de cortesano y una hueste de doscientos sirvientes a su servicio.

Mucho tiempo después, el náufrago regresó al mar con un príncipe. Había seguido siendo navegante por diversión, así como para ganar dinero adicional con el que aumentar su riqueza. Sucedió, sin embargo, que el príncipe con el que viajaba aquella vez estaba muy preocupado y le dijo que no había podido encontrar todos los preciados recursos por los que había sido enviado en misión. Aquella desgracia le pareció al navegante muy parecida a lo que le había ocurrido a él mismopor lo que sabiamente decidió erigirse en consejero e animar al príncipe. Con mucho tacto, contó la increíble historia que había vivido cuando era más joven, invitando sabiamente a su compañero de viaje a no desesperar antes de tiempo. Tal vez su rey sería tan comprensivo como el que le había perdonado hacía tanto tiempo. El príncipe, que había permanecido en silencio todo este , intrigado y divertido al mismo tiempo, le miró y replicó cínicamente: "Yo, amigo mío, no me fiaría tanto. ¿Acostumbras a dar agua a un pájaro que matarán a la mañana siguiente?".

4.16 Sinuhe: el exiliado más famoso del antiguo Egipto

Esta colección de mitos y cuentos no estaría completa sin la historia de Sinuhe, un hombre de la corte cuyas aventuras fueron famosas en el antiguo , quizá casi más que los propios mitos y leyendas divinos. Estrechamente ligadas a la historia real del reino, ambientadas en la fase inicial de la dinastía XII, las hazañas del protagonista comenzaron porque su soberano -Amenemhat I- fue asesinado y él, como leal servidor y su mano derecha, pasó mucho miedo. Melancólico, durante el viaje no dejaba de pensar en todo el lustre que estaba abandonando, consciente de la retahíla de títulos que había ostentado en la corte: el más importante de todos era el de "sirviente" de la reina, Neferu, un rango tan elevado que sólo estaba reservado a los fieles del círculo real. Cuando recibió la noticia de la muerte del rey, Sinuhe regresaba con el heredero Sesostris I de una serie de ataques contra Libia. Una vez que el mensajero informó del terrible suceso, el sirviente y cortesano imperial comprendió de inmediato que había llegado el momento de levar anclas. Por un lado, sabía que no había hecho nada y que, por tanto, no tenía de qué preocuparse. A pesar de ello, las circunstancias tan ambiguas del asesinato le llevaron a pensar que su vida corría peligro.

Su razonamiento, más que justificado, le había llevado a pensar: "Si nuestros enemigos, conspirando en las sombras por el poder, han venido a matar a nuestro faarón, ¿por qué no habrían de perseguirme?". No queriendo vivir una vida a la fuga y en la sombra, ni siendo tan ingenuo ante el enorme riesgo que corría su vida, preparó todas sus posesiones y se dirigió rápidamente a lo que hoy conocemos como "Oriente Próximo". Tras de sí, dejó un entorno envuelto en desolación, resentimiento y tristeza por la pérdida de un gobernante que, a su manera, había llegado a ser muy querido. Si bien es cierto que había comenzado una nueva era, dictada por la guía del hijo del faraón, Sesostri , las circunstancias en las que había muerto el pobre Amenemhat I no presagiaban un futuro halagüeño. Llevado por estos pensamientos, en cuanto tuvo ocasión, Sinuhe se escondió entre los fortísimos arbustos y, cuando estuvo fuera de la vista de cualquiera de los presentes, inició su larga e inexorable travesía. A lo largo del Nilo, y afrontando tramos a pie, llegó al extremo oriental del reino, o a las llamadas Murallas del Príncipe -esa barrera artificial había sido construida años atrás por el propio faraón con fines defensivos-. Detrás de aquella frontera ideológica, pero concreta, estaban todos sus miedos, pero también las esperanzas de una nueva vida lejos del peligro. Llevado por sus andanzas en busca de un mañana mejor, Sinuhe no había tenido tiempo de detenerse a escuchar a su cuerpo, que ahora le gritaba de cansancio y sed. "Voy a morir, éste es el fin", pensó para sí. "Ya no tengo ni una gota de saliva en la boca, mi garganta está completamente quemada. Creo que este es el sabor de la muerte". Sin embargo, estaba equivocado, y sus fantásticas aventuras no habían hecho más que empezar.

Mientras yacía sin saber cuánto tiempo más resistiría, mirando los Muros del Faraón como si fueran infranqueables obstáculos que lo separaban de todo lo que había perseguido durante días, un grupo de hombres se acercó y lo rescató. Sinuhe fue acogido como huésped por toda una población nómada que comerciaba en aquella y, por tanto, estaba acostumbrada a ir más allá de sus posibilidades durante el viaje y a encontrarse sin recursos. El exiliado permaneció con ellos durante algún tiempo, probablemente contribuyendo a las actividades periódicas de pastoreo de los animales para hacerse lo más útil posible. Pero al cabo de unos meses, decidió que era hora de mudarse para volver a una vida que le conviniera más. Aunque no tenía ningún deseo de permanecer más tiempo en aquel lugar que resultaba casi primitivo, sentía mucho aprecio por las bellas gentes que le habían acogido y por el valor de sus ocupaciones. Retomando el camino -ahora totalmente renovado- pronto llegó a la ciudad de Qedem, gobernada por un buen y sensato gobernante que se hacía llamar Amuneshi. Recordaba muy bien la historia diplomática de aquella región porque su gobernante había tejido importantes relaciones diplomáticas con el ya fallecido faraón Amenemhat I, jurándole lealtad y servicio aunque no dependiera nominalmente de él. Obviamente, la fama de Sinuhe le precedía en la corte real, donde pronto se supo que había llegado a la ciudad uno de los funcionarios más poderosos de Egipto. Por tanto, no fue casualidad que entonces fuera llamado por los guardias reales para una conversación real con el soberano en persona. El encuentro fue constructivo, a cada pregunta respondía con sinceridad, subrayando varias veces que su huida de la capital no había sido motivada por ningún acusación contra él. Consciente de lo que Sesostri podía hacer bien por el reino, invitó incluso a Amuneshi a jurarle también lealtad, para no dejar que la historia de las bellas relaciones intergubernamentales muriera junto con Amenemhat I.

Comenzó para el funcionario fugitivo un periodo de gran gloria personal, marcado también por el matrimonio con la hija mayor del soberano. Gracias a este pacto, logró obtener el título de jefe tribal, un altísimo honor que implicaba también la participación en guerras. Consiguió así la vida estable y rica que había deseado y que ya había saboreado en el pasado en la corte real. Junto con su bella y amada esposa, se trasladó a una exuberante zona fronteriza rebosante de deliciosos productos crudos (como ganado, cereales y fruta) y refinados gracias a los artesanos locales (la miel y los aceites eran una especialidad de aquella región). Cuando se hizo mayor -o creció, si se prefiere- formó una familia, criando valerosos hijos que pronto se convirtieron también en jefes tribales. De vez en cuando, las armas llamaban y tanto él como sus hijos estaban listos, extendiendo sus espadas en favor de su padre, el gobernante del alto Retenu. La fama de Sinuhe llegó a ser tal que un día un hombre se presentó en su pueblo para un enfrentamiento inmediato. Una vez más, el exiliado no se dejó engañar y organizó el encuentro para el amanecer siguiente. Como los antiguos egipcios pensaban que la autoridad pertenecía al líder individual, el duelo habría determinado, entre otras cosas, quién controlaría todo el territorio. Extraordinariamente, Sinuhe logró imponerse, obteniendo todos los bienes de la tribu contraria y llegando así definitivamente a la cima de su fortuna personal. Pero justo cuando todo el mundo le admiraba y adoraba y su fama se extendía hasta las fronteras de la región, se dio cuenta de que estaba envejeciendo, y su tierra natal le llamó a casa para darle el último adiós. Por mucho que amara a su nuevo país de adopción, que le había acogido y querido como a un nativo más, sus sueños y pensamientos se dirigían cada vez más a la corte donde había pasado su juventud, creciendo como hombre y como hábil funcionario.

Así que decidió que el final adecuado para él sería un entierro en el lugar donde había nacido. Sinuhe no ocultó este gran deseo porque lo consideraba un síntoma de reencuentro con su antiguo yo, y no un símbolo de debilidad o falta de gratitud por el reino de Retenu. Una vez más, sin embargo, su fama corrió más rápido que él y -pasando de boca en boca- el faraón reinante Sesostris I se enteró de que su antiguo consejero estaría encantado de regresar a su verdadero hogar. Así que escribió una carta al dictado para que le fuera entregada: "Querido viejo Sinuhe, no tiene sentido que quieras despedirte de la vida en un lugar extranjero para ser enterrado por personas que no comparten sangre contigo", comenzaba. La epístola, sin embargo, continuaba centrándose también en los religiosos: "Debes entonces cuidar de tu cuerpo, de tu alma que tendrá que ir hacia el reino de los muertos. La gente con la que vives ahora no tiene la costumbre del sarcófago, apenas usan piel de oveja. ¿Cómo afrontarás toda la eternidad en estas condiciones?". Él aceptó de inmediato aquella invitación velada e implícita y respondió incluso antes de viajar con su familia: "Debes saberlo,

Oh faraón mío, que no hay absolutamente ninguna razón racional por la te abandoné a ti y a mi patria en aquellos duros tiempos. Sabía muy bien que nadie me buscaba, que nadie quería acusarme de la muerte de tu . Sin embargo, a pesar de todo y de la confianza que todos depositasteis en mí, me sentí asustado y amenazado". Llegado a este punto, decidió por fin abrirse por completo en aquel reencuentro (por el momento sólo en una carta), de forma que se quitara todo peso de encima a su conciencia: "Añadiré más, a costa de parecer débil, aunque mi gloria y mi fama prueben que soy sumamente valiente. En aquella época, estaba muy enfermo, sentía que los miembros se me iban mientras el corazón se desprendía del cuerpo, y ya no sabía discernir entre la vida y la muerte. En otras palabras, creo que realmente perdí mi *ba*. Por suerte, volví a encontrarlo, pero en aquel momento no fue nada fácil". Tras enviar a un mensajero con estas palabras para que informara al faraón, comenzó a avisar a amigos y parientes de su inminente partida, pidiendo también a su familia más cercana que le acompañara en esta última aventura. Cuando todo estuvo dispuesto, Sinuhe y su puñado de hombres, mujeres y seres queridos partieron hacia la capital del reino del antiguo Egipto.

Tras una larga caminata -aunque mucho más cómoda que la que había completado años atrás- llegaron a la corte, todos vestidos con las ropas típicas de la zona de la que (es decir, la actual Siria). Ningún cortesano pudo reconocer a su antiguo compañero, pues ahora parecía otro hombre, con los rasgos y modales más duros y sabios que distinguían a los cananeos (no los egipcios). A pesar de ello, del crecimiento que había marcado, Sesostri le reconoció de inmediato y dio órdenes de como a un noble de muy alto rango. No debía ser inferior a los cortesanos egipcios. Sinuhe fue hospedado por un noble muy rico de la zona, donde pudo asearse en medio de cada confort y vestirse con ropas diferentes a las que había durante el viaje, más elegantes y adecuadas a su nuevo estatus. Refrescarse le dio nuevo vigor, una nueva y hermosa apariencia que le hacía parecer veinte años más joven. Gracias a los conocimientos y las presiones del faraón, pronto consiguió una casa, donada por un rico benefactor. Poco después, se le garantizó por ordenanza imperial una tumba de piedra, acompañada de decoraciones artísticas de la mejor factura y de un equipamiento funerario completo, digno de un hombre de su calibre. Estas certezas, tan grandes e importantes que le habría costado creerlas sólo unos meses antes, le permitieron por fin vivir sus últimos días con serenidad y tranquilidad. Por fin se había reencontrado con el lugar donde había dejado su corazón, Egipto.

GLOSARIO

Puede que no le resulte fácil recordar los nombres atribuidos a los protagonistas de las historias que acaba de leer. Por eso se ha incluido este glosario, para que pueda acceder fácilmente a los nombres de los antiguos egipcios. La próxima vez que vea una película o lea un libro sobre este fascinante periodo histórico, tenga a mano este libro, abierto a este . Seguro que le ayudará a comprender el texto o la película. Relacionará inmediatamente el nombre con una historia leída entre estas páginas y todo quedará mucho más claro.

Esopo: El amigo/esclavo del cuento "La niña de las zapatillas rosa rojas"

Akh: Componente de la naturaleza humana que representa la luz.

Amasis: Faraón y futuro consorte de "la chica de las zapatillas rosa-rojas"

Amenemhat I: Faraón de la Duodécima Dinastía

Ammit: Monstruo hembra, devoradora de corazones

Amón: Dios de origen antiguo, característico de la región de Tebas. Asociado al sol.

Amón-Ra: Fusión entre Amón y Ra, dioses del sol

Amuneshi: Gobernante de Qedem

Ankh: Símbolo de la vida

Anpu: hermano de Bata, en la leyenda de los dos hermanos

Anubis: Dios del mundo de los muertos

Apep: Dios del caos

Atum: Primera deidad y creador de todos los dioses

Ba: componente de la naturaleza humana que representa la personalidad, el carácter y las elecciones del individuo.

Bastet: Diosa de la felicidad

Bata: El hermano de Anpu, en la leyenda de los dos hermanos.

Bentresc: Princesa de Bakhtan

Campamentos de **Aaru y Hotep**: Lugares donde las almas de los muertos encuentran la vida eterna.

Charoxos: Mercader en "La chica de las zapatillas rosa rojas" **Djet:** Término que se refiere a todo lo que ya no está . **Duat:** Mundo de los muertos

Fiesta de Opet: aniversario sagrado dedicado a Amón.

Geb: Dios que representa la tierra.

Grifo: Monstruoso criatura, guardián de tesoros y devorador de humanos

Ha-kau: palabras mágicas utilizadas para invocar ofrendas a las divinidades. **Hathor:** Diosa del Sol con cabeza de vaca y cuerpo de mujer **Heka:** Dios de la magia

Heka: Principio por el cual los humanos pueden entrar en contacto emocional entre sí.

Het y Hanhet: Par de ogdoad que simbolizan la dimensión espacial.

Horus: Inicialmente dios de la victoria y el valor, más tarde dios del sol

Hut-ka: La sala principal de la tumba

Isis: Madre de Horus y diosa de la naturaleza y la maternidad

Jb: Corazón

Ka: Fuerza que representa las energías vitales del individuo.

Khat: Palabra que representa el cuerpo físico.

Khonsu: Dios de la luna

Maat-neferu-Ra: Reina de la XIX Dinastía

Menes Faraón de la Primera Dinastía **Mut:**
Esposa de Amón y madre de Khonsu **Neftis:**
Diosa patrona de las momias

Neheh: Término que describe la alternancia del día y la noche.

Neith: Diosa de la Guerra y la Caza

Monja y Nanhet: La pareja Ogdoad simboliza la creación.

Nut: Diosa que representa el cielo **Osiris:** Dios
de los muertos y de la inmortalidad **Ptah:** Dios
patrón de la ciudad de Menfis

Ra: Padre del Faraón y Dios del sol

Ren: Término que describe la personalidad del individuo.

El cetro era símbolo de poder.

Seker (o Sokar): Dios de la oscuridad y de las necrópolis de Menfis y Saqqara, representado como una momia con cabeza de halcón.

Seth: Dios de la violencia y el dolor

Sheut: Componente oscuro del alma humana

Sinuhe: hombre de **la corte** que más tarde se convirtió en exiliado en la historia "Sinuhe: el exiliado más famoso del antiguo Egipto"

Shu: Personificación del aire

Esfinge: Protectora de los muertos

Tefnut: Diosa leona de la humedad y la lluvia

Toth: En el principio, dios de luna y más tarde dios del tiempo y de la verdad

Tutankamón: faraón egipcio perteneciente a la XVIII dinastía

Ushabtis: significa "los que responden", estatuas presentes en la tumba

Usherat: barco para navegar por el Nilo.

9 781916 924598